阜新玛瑙
产业转型发展研究

FUXIN MANAO
CHANYE ZHUANXING
FAZHAN YANJIU

王国辉 ——

著

辽宁人民出版社

© 王国辉　2019

图书在版编目（CIP）数据

阜新玛瑙产业转型发展研究 / 王国辉著. —沈阳：
辽宁人民出版社，2019.10
ISBN 978-7-205-09733-2

Ⅰ.①阜… Ⅱ.①王… Ⅲ.①玛瑙—矿业发展—
研究—阜新 Ⅳ.①F426.1

中国版本图书馆 CIP 数据核字（2019）第 187877 号

出版发行：辽宁人民出版社
　　　　　地址：沈阳市和平区十一纬路 25 号　邮编：110003
　　　　　http://www.lnpph.com.cn
印　　刷：鞍山新民进电脑印刷有限公司
幅面尺寸：170mm×240mm
印　　张：17.75
字　　数：220千字
出版时间：2019 年 10 月第 1 版
印刷时间：2019 年 10 月第 1 次印刷
责任编辑：陈　昊　王　增
装帧设计：留白文化
责任校对：彭力胜
书　　号：ISBN 978-7-205-09733-2
定　　价：80.00元

　　从辽宁大学博士毕业后，最初我学术研究的兴趣主要是人口迁移和社会保障方面。从 2009 年我担任辽宁工程技术大学公共管理与法学院院长后，在规划学院的研究特色时，把学院的研究特色定位为资源型城市转型发展，于是我把学术方向调整到了对阜新市转型的研究上。在研究阜新转型的起初，并没有关注阜新的玛瑙产业，只是和朋友到阜新旅游时一起逛过玛瑙城，但也没有什么感觉。随着对阜新转型研究的不断深入，对阜新的玛瑙产业开始有了比较深入的了解，开始关注其发展。2013 年，一个偶然的机会我看见一块玛瑙里面有"山水画"，这些大自然的"天画"一下子吸引了我，花了 100 元买了下来，后来逐渐被玛瑙独特的文化魅力所深深地吸引，成为了玛瑙的粉丝。但从 2015 年开始，阜新玛瑙市场开始呈下行趋势，价格开始下降，玛瑙城和十家子玛瑙大集的人也越来越少。而最近两年，玛瑙业主的信心受到了一定打击，不少玛瑙业主不再生产新货，有些摊主不再摆摊了，有些店铺关门歇业，我非常担心阜新玛瑙产业的发展，于是产生了深入研究玛瑙产业并出一本专著的想法。我从 2017 年开始收集资料，进行访谈和调研，着手撰写书稿。为了掌握第一手资料，我几乎每周都会到玛瑙城或十家子进行调研，并在 2018 年组织我的研究生开始系统全面地调研。到 2018 年 10 月，基本上写完了初稿，但由于工作忙一直没有时间修改。好在春节长假有比较充裕的时间，全面完成了书稿。

全书共分为七部分。

第一部分为绪论。主要介绍研究背景、研究目的和意义，说明研究方法和研究思路，介绍研究的组织和调研情况。

第二部分为基本概念和相关研究。主要是界定玛瑙、产业、玛瑙产业、文化、工艺品、奢侈品等基本概念，梳理玛瑙文化产业的相关研究和基本理论、工艺品及营销的基本研究和相关理论、奢侈品营销的相关研究和基本理论，为分析阜新玛瑙产业的转型发展提供概念框架和基本研究理论及方法。

第三部分是阜新玛瑙产业发展现状研究。主要是介绍玛瑙和阜新玛瑙的基本状况，梳理阜新玛瑙产业发展的基本历程，总结阜新玛瑙产业发展的现状。

第四部分为阜新玛瑙产业存在的基本问题分析。从调查数据和访谈材料出发，分别从规模与趋势、价格与利润、素质与品位、信心与流失、影响与地位、原因与风险等方面，全方位深入分析了阜新玛瑙产业发展存在的问题、原因与可能的风险。

第五部分为阜新玛瑙产业发展环境与定位研究。主要是从全国玛瑙行业的发展趋势、突破辽西北战略、阜新转型发展和消费变化趋势几个方面，分析阜新玛瑙产业发展的环境，并从系统的角度，综合考虑行业、区域、城市等方面的情况，对阜新玛瑙产业进行了明确的定位。

第六部分为阜新玛瑙店铺营销策略研究。行业是由相关企业组成的，阜新玛瑙产业的发展主体是玛瑙店铺，本章主要是从市场营销策略中常用的"4P理论"出发，分别对阜新玛瑙店铺的产品、价格、渠道和促销进行了研究，提出了具体的建议。

第七部分为阜新玛瑙产业发展的支持保障。主要从顶层规划、形象传播、资源聚集提升、产业融合与区域联合的角度对阜新玛瑙产业的发展进行了全面的分析，为政府和行业协会更好地引领和促进阜新玛瑙产业的转型发展提供了具体的对策建议。

阜新是我学习和生活了近30年的城市，对这座城市我充满了深厚的感情！这所城市厚重的历史文化、淳朴而可爱的居民、为共和国煤炭工业发展所做出的历史性贡献和在转型创新发展道路的奋力拼搏都令我难忘！

作为阜新这片厚土上内生发展起来的玛瑙产业,虽然受区位、资金、人才和营销方式等方面的限制,近年来发展并不顺利,甚至存在不少风险和挑战,但我相信这个产业借文化产业发展及突破辽西北战略实施的东风,在阜新市委、市政府的领导下,一定能够重新获得快速发展的机遇,为阜新转型和突破辽西北做出重大贡献!如果我的拙作能够为这一产业的发展尽一点绵薄之力,也算是我对我热爱的城市的一个礼物吧!真心地祝阜新玛瑙产业能够越来越好!

本书中的大部分玛瑙图片都是我自己购买,自己用手机拍摄,对阜新玛瑙魅力的展示可能只有十之一二。而且,由于作者研究玛瑙时间不长,水平有限,许多建议和观点难免有疏漏之处,敬请批评指正!

王国辉

2019 年 2 月

目录

绪论 ···································· 01

第一节 研究背景 ···························· 02

第二节 研究目的 ···························· 05

第三节 研究意义 ···························· 06

第四节 研究思路和内容 ······················ 08

第五节 研究方法 ···························· 09

第一章 基本概念和相关研究 ················ 11

第一节 玛瑙与玛瑙产业 ······················ 12

一、玛瑙 ·································· 12

二、产业 ·································· 14

第二节 文化创意产业理论 ···················· 17

一、文化 ·································· 17

二、文化产业与文化创意产业 ················ 18

三、文化创意产业发展经验 ·················· 20

四、文化创意产业发展趋势 ·················· 21

第三节 工艺品及其营销 ······················ 22

一、工艺品的定义 ·························· 22

二、工艺品、艺术品和文化产品 ·············· 22

三、中国工艺品的营销 ······················ 23

第四节 奢侈品及其营销 ······················ 25

一、奢侈品的概念和特点 ……………………………… 25

二、奢侈品的发展历史和分类 ………………………… 28

三、奢侈品营销 ………………………………………… 31

第二章　阜新玛瑙产业发展概况 ……………………… 35

第一节　阜新与阜新玛瑙 …………………………………… 36

一、阜新 ………………………………………………… 36

二、阜新玛瑙 …………………………………………… 40

三、阜新玛瑙工艺 ……………………………………… 44

四、玛瑙加工常用设备 ………………………………… 46

五、玛瑙制品 …………………………………………… 48

第二节　阜新玛瑙产业发展历程 …………………………… 50

一、原始社会玛瑙的加工利用 ………………………… 50

二、阜新地区玛瑙加工的古代历史 …………………… 51

三、近现代的阜新玛瑙加工 …………………………… 54

第三节　阜新玛瑙产业发展现状 …………………………… 56

一、玛瑙文化 …………………………………………… 56

二、加工和销售状况 …………………………………… 60

三、科研和人才培养 …………………………………… 66

四、发展战略 …………………………………………… 67

五、阜新玛瑙产业的总体管理 ………………………… 68

第三章　阜新玛瑙产业存在问题 ……………………… 71

第一节　规模与趋势 ………………………………………… 72

一、经营规模普遍偏小 ………………………………… 72

二、店铺和工厂人员较少 ……………………………… 73

三、近五年店铺销售量在不断缩减 …………………… 74

第二节　价格与利润 ………………………………………… 76

一、平均销售价格较低 ………………………………… 76

二、销售价格下行压力较大 …………………………… 77

三、销售利润普遍下降 ⋯⋯⋯⋯⋯⋯⋯⋯⋯⋯⋯⋯⋯ 77

第三节　素质与品位⋯⋯⋯⋯⋯⋯⋯⋯⋯⋯⋯⋯⋯⋯⋯⋯ 79
　　一、玛瑙店铺经营者总体文化程度不高 ⋯⋯⋯⋯⋯⋯ 79
　　二、玛瑙加工人员文化程度普遍偏低 ⋯⋯⋯⋯⋯⋯⋯ 80
　　三、阜新本地玛瑙雕刻加工水平粗糙 ⋯⋯⋯⋯⋯⋯⋯ 80
　　四、玛瑙产品的文化品位不高 ⋯⋯⋯⋯⋯⋯⋯⋯⋯⋯ 81

第四节　信心与流失⋯⋯⋯⋯⋯⋯⋯⋯⋯⋯⋯⋯⋯⋯⋯⋯ 82
　　一、对玛瑙产业未来发展信心不足 ⋯⋯⋯⋯⋯⋯⋯⋯ 82
　　二、玛瑙资源和人才外流 ⋯⋯⋯⋯⋯⋯⋯⋯⋯⋯⋯⋯ 82

第五节　影响与地位⋯⋯⋯⋯⋯⋯⋯⋯⋯⋯⋯⋯⋯⋯⋯⋯ 84
　　一、阜新玛瑙销售的主要群体在辽宁省 ⋯⋯⋯⋯⋯⋯ 84
　　二、阜新玛瑙在全国的知名度并不高 ⋯⋯⋯⋯⋯⋯⋯ 84

第六节　原因与风险⋯⋯⋯⋯⋯⋯⋯⋯⋯⋯⋯⋯⋯⋯⋯⋯ 86
　　一、阜新玛瑙产业存在问题的原因 ⋯⋯⋯⋯⋯⋯⋯⋯ 86
　　二、阜新玛瑙产业未来发展的风险 ⋯⋯⋯⋯⋯⋯⋯⋯ 94

第四章　阜新玛瑙产业转型发展定位 ⋯⋯⋯⋯⋯⋯⋯ 103

第一节　玛瑙产业发展环境分析⋯⋯⋯⋯⋯⋯⋯⋯⋯⋯⋯ 104
　　一、消费革命浪潮 ⋯⋯⋯⋯⋯⋯⋯⋯⋯⋯⋯⋯⋯⋯⋯ 104
　　二、中国文化影响力全面提升 ⋯⋯⋯⋯⋯⋯⋯⋯⋯⋯ 107
　　三、突破辽西北战略 ⋯⋯⋯⋯⋯⋯⋯⋯⋯⋯⋯⋯⋯⋯ 108
　　四、阜新资源型城市转型 ⋯⋯⋯⋯⋯⋯⋯⋯⋯⋯⋯⋯ 110
　　五、行业相关政策 ⋯⋯⋯⋯⋯⋯⋯⋯⋯⋯⋯⋯⋯⋯⋯ 111

第二节　玛瑙行业趋势分析⋯⋯⋯⋯⋯⋯⋯⋯⋯⋯⋯⋯⋯ 113
　　一、世界玛瑙行业发展趋势 ⋯⋯⋯⋯⋯⋯⋯⋯⋯⋯⋯ 113
　　二、中国珠宝玉石首饰行业发展趋势 ⋯⋯⋯⋯⋯⋯⋯ 115
　　三、中国玛瑙行业发展趋势 ⋯⋯⋯⋯⋯⋯⋯⋯⋯⋯⋯ 117

第三节　阜新玛瑙产业转型发展定位⋯⋯⋯⋯⋯⋯⋯⋯⋯ 120
　　一、阜新市转型接续替代主导产业 ⋯⋯⋯⋯⋯⋯⋯⋯ 120
　　二、突破辽西北战略重要引领产业 ⋯⋯⋯⋯⋯⋯⋯⋯ 122

三、传播中华优秀文化的文创产业 …………………… 122

四、珠宝奢侈品行业 ………………………………… 127

第五章　阜新玛瑙店铺市场营销策略　131

第一节　产品策略 …………………………………… 133

一、玛瑙工艺品 ……………………………………… 133

二、玛瑙佩戴饰品 …………………………………… 138

三、玛瑙医药用品和玛瑙保健品 …………………… 139

四、玛瑙装饰材料 …………………………………… 139

五、玛瑙工业用品 …………………………………… 140

六、玛瑙旅游纪念品 ………………………………… 140

七、玛瑙原石 ………………………………………… 140

第二节　价格策略 …………………………………… 141

一、玛瑙工艺品价格策略 …………………………… 142

二、玛瑙佩戴饰品价格策略 ………………………… 149

三、玛瑙医药用品和玛瑙保健品价格策略 ………… 152

四、玛瑙装饰材料价格策略 ………………………… 152

五、玛瑙旅游纪念品价格策略 ……………………… 152

六、玛瑙原石价格策略 ……………………………… 152

第三节　渠道策略 …………………………………… 153

一、建设好直接分销渠道 …………………………… 153

二、积极扩展定制渠道 ……………………………… 153

三、线上线下有机结合 ……………………………… 153

第四节　促销策略 …………………………………… 157

一、精准营销 ………………………………………… 157

二、关系营销 ………………………………………… 158

三、广告 ……………………………………………… 159

四、品牌营销 ………………………………………… 160

五、体验营销 ………………………………………… 160

六、文化营销 ………………………………………… 163

七、积极建立与名人的高端链接 ……………………………… 165

八、跨文化营销 ………………………………………………… 166

第六章　阜新玛瑙产业发展的管理和保障 …………………… 169

第一节　顶层规划设计 …………………………………………… 170

一、领导管理 …………………………………………………… 170

二、激活协会 …………………………………………………… 171

三、发展规划 …………………………………………………… 174

第二节　形象设计与传播 ………………………………………… 176

一、城市形象识别与玛瑙产业宣传 ………………………… 176

二、组织大型活动 …………………………………………… 176

三、全方位宣传 ……………………………………………… 177

第三节　资源集聚提升 …………………………………………… 182

一、人才培养与引进 ………………………………………… 182

二、资本集聚和税费减免 …………………………………… 183

三、建设阜新市新型玛瑙文化创意产业社区 ……………… 186

四、玛瑙产业与旅游业等有机融合 ………………………… 188

五、阜新玛瑙产业与辽宁区域化石玉石资源整合 ………… 189

附　录 ………………………………………………………………… 191

附录1：阜新市玛瑙店铺经营状况调查问卷 …………………… 192

附录2：玛瑙欣赏 ………………………………………………… 199

参考文献 …………………………………………………………… 263

后　记 ……………………………………………………………… 268

绪论

第一节
研究背景

阜新是中国最典型的资源枯竭型城市之一。早在 2001 年 12 月，阜新就被国务院确定为全国第一个资源型城市经济转型试点市，从而开启了全国资源型城市转型的序幕。2008 年阜新市又被国务院确定为全国第一批资源枯竭城市。2012 年阜新市又被国务院确定为全国资源衰退型城市。国家对阜新市转型寄予厚望，在确定阜新经济转型试点的文件中明确指出："要通过辽宁阜新经济转型试点工作，分析资源枯竭型城市存在的共性问题，研究制定经济转型的根本措施和相关政策，探索一条符合中国国情的资源枯竭型城市经济转型的路子。"

资源枯竭型城市转型的关键是发展接续替代产业。从 2001 年开始，阜新就一直努力进行接续替代产业的培育与发展，做了很多探索和尝试，玛瑙产业作为阜新一个历史悠久的特色产业，在这一过程中快速发展起来。

阜新玛瑙资源丰富，早在 8000 多年前就有先人在阜新加工和使用玛瑙，经过不断发展，到清朝阜新已经是远近闻名的玛瑙开采加工中心。据《清实录》载，乾隆年间阜新市的十家子地区"开挖窑洞十六，窑工千人，南麓设有商邑"。相传，清代宫廷所用玛瑙饰物及雕件其取材多出于此。中华人民共和国成立后，阜新市成立了玛瑙玉器厂，主要为北京玉器厂进行配套加工，产品主要用于出口创汇。改革开放后，阜新玛瑙玉器厂转制，大批职工下海经商，自主经营，民营玛瑙加工作坊开始遍布城乡，产品开始销往全国各地。

2001 年以来，阜新市委、市政府将玛瑙加工业列为阜新转型振兴的特色产业之一，阜新玛瑙产业开始快速发展，"十一五"期间，阜新把玛瑙产业作为重点培育的十大产业集群之一。到 2005 年，全国玛瑙产品销售额实现 5 亿元，阜新占了一半，从业人数达到 4 万人，阜新已经成为全国最大的玛瑙交易中心和集散地。[①]

经过 20 多年的快速发展，阜新从一座煤炭城市发展成为"世界玛瑙之都"，获得了快速的发展。但近几年，由于需求侧、供给侧和管理侧等方面的原因，阜新玛瑙产业开始暴露出一些问题，发展陷入瓶颈。主要表现为：玛瑙工艺品设计水平、工艺质量和文化品位不高，玛瑙店铺和企业规模偏小，营销水平落后，没有形成具有全国影响力的品牌，玛瑙工艺品价格和销售利润进入下降通道，玛瑙设计雕刻和经营人才匮乏且流失严重，导致玛瑙从业人员信心不足，与国内同行业相比，阜新玛瑙产业规模增长缓慢。2016 年，全市玛瑙产值估计仅为 15 亿元左右，而与阜新几乎同时起步的江苏东海水晶产业年交易额已在 100 亿元以上。[②] 玛瑙工艺品作为玉石类产品，本质上属于文化用品和奢侈品，如果上述问题不能及时有效解决，阜新玛瑙产业的高端精品玛瑙制品就可能会被逐渐挤出市场，产品会趋于低端化，行业整体规模和效益有进入持续缩减通道的危险：即随着高端精品玛瑙制品被挤出，总体产品低端化，玛瑙产品的总体价格会下降，利润也会随之下降；玛瑙商户为了生存，就会增加产量以弥补价格下降导致的收入下降。价格是由需求和供给共同决定的，需求没有增加，甚至下降，而供给却在不断增加，供大于求，会导致价格进一步下降；而价格的下降导致收入降低，会逼迫商家进一步提高供给量，并自动降低产品质量，这样就会进入一个价格和质量不断下降的收缩螺旋，并最终可能导致整个阜新玛瑙产业进入总体质量低端化与总体规模萎缩的恶性循环。阜新的玛瑙产品一旦在全国玛瑙玉石分工版图中被定位到劣质品低端品，并在激烈的地区竞争中被固化到低端位置，对于阜新玛瑙产业来说是致命

---

① 徐扬：《沈阳阜新大力发展玛瑙产业顺利完成经济转型工作》，http://www.gov.cn/jrzg/2006-07/24/content_344071.htm. 2006 年 7 月 24 日。

② 周志强、于海军、张士学、蒋克：《加快阜新玛瑙创意产业发展的建议报告——基于江苏省东海县水晶产业发展的研究比较》。

的，甚至有产业崩溃和坍塌的危险。课题组本次访谈中感觉到，2017 年和 2018 年阜新玛瑙产业的整体发展状况令人担忧！

玛瑙产业作为阜新本土成长起来的产业，被寄予厚望，各方面都希望玛瑙产业能够快速发展壮大，成为阜新主要的接续替代产业，成为阜新转型发展的关键产业。如果阜新玛瑙产业衰落甚至崩溃，对于阜新转型和突破辽西北战略都有重大影响。可以说，阜新玛瑙产业发展走到了十字路口，何去何从值得深入研究和思考。

第二节
研究目的

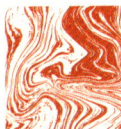

　　实际上，玛瑙与和田玉、翡翠等玉石明显的区别是玛瑙里面有众多的包裹体，这些包裹体由于大自然的鬼斧神工形成了一些色彩斑斓、形象生动、意境优美的图案，这些图案具有珍奇性和稀缺性，并和中华文化心有灵犀、与绿色环保文化高度契合，加之玛瑙从古至今都是富贵和地位的象征，玛瑙完全具备奢侈品和文化产品的属性。只要政策得力，阜新玛瑙产业完全可以顺利转型，获得快速发展，成为阜新转型的主要接续替代产业和突破辽西北的重要引领产业。而制定玛瑙产业转型的相关政策和措施，需要对阜新玛瑙产业的发展现状、存在问题、发展定位、发展策略等进行全面深入的研究。

　　本课题的研究目的就是全面梳理阜新玛瑙产业的发展历史、目前运行状况和存在的问题，分析产生问题的原因和可能的风险，分析阜新玛瑙产业发展的政治经济文化和政策环境，对阜新玛瑙产业的转型发展进行科学定位，为阜新玛瑙产业的发展主体——玛瑙店铺和企业——制定科学的营销策略，为政府和行业协会推动阜新玛瑙产业转型发展提出明确的措施和建议。

第三节
研究意义

　　本研究对全面梳理和弄清阜新玛瑙产业的基本情况具有现实意义。阜新玛瑙产业具有悠久的历史和厚重的文化传统，改革开放以来也获得了快速发展，但对阜新玛瑙产业的发展历史、经营状况、存在问题等，一直缺少系统完整的梳理和总结。本研究对阜新玛瑙产业进行了全面系统的梳理总结，为系统全面了解阜新玛瑙产业提供参考。

　　本研究对科学确定阜新玛瑙产业发展定位和发展思路具有重要指导意义。目前，阜新玛瑙产业的发展处于一种低水平均衡的状况。转型首先要科学确定发展方向，解决产业发展定位和思路问题。本研究分析了阜新玛瑙产业的发展环境，分析了阜新玛瑙与中华优秀文化及绿色生态文化之间的密切联系，分析了阜新玛瑙工艺品所具备的成为奢侈品的条件和特色，对阜新玛瑙产业转型定位进行了深入分析，对阜新玛瑙产业的转型发展具有重要的指导意义。

　　本研究对提高阜新玛瑙店铺和企业的营销水平具有重要的参考价值。阜新玛瑙产业发展的主体是玛瑙店铺和玛瑙企业，阜新玛瑙店铺和玛瑙企业营销水平不高，营销方式比较陈旧，品牌意识不强，宣传方法比较混乱。本研究从市场营销的"4P理论"出发，全面设计了阜新玛瑙市场营销的产品、价格、渠道和促销策略，对提高阜新玛瑙店铺和玛瑙企业的营销水平具有重要的参考价值。

　　本研究对阜新市政府和相关社会组织推动玛瑙产业发展具有借鉴意义。阜新玛瑙产业发展存在着市场失灵现象，整个产业有滑向中低端的趋势。想改变这种状况需要政府的引导和支持，需要社会组织的组织和协调。本研究从顶层规划设计、形象设计与传播、资源聚集与提升等方面，对阜新市政府和阜新市玛瑙协会等行业组织推动玛瑙产业发展提出了对策建议，对阜新市政府和阜新市玛瑙行业社会组织具有借鉴意义。

本研究对阜新市建设世界玛瑙之都具有促进作用。2016 年阜新获评"世界玛瑙之都"，这是阜新玛瑙发展的重要契机，也是借助玛瑙工艺品，展现中国文化的重要载体。本研究提出，深入挖掘玛瑙文化中隐含的中国文化形象和中国要素，创造出展现中华文化魅力的文化产品等观点，对推动阜新玛瑙产业与文化创意产业有机结合，全面推进阜新建设名副其实的"世界玛瑙之都"具有促进作用。

第四节
研究思路和内容

　　本研究按照"提出问题——分析问题——解决问题"的思路展开。首先根据文献和相关材料初步提出问题，然后设计调查问卷和访谈提纲进行调研和访谈，再对调研数据和访谈结果进行分析，找出阜新玛瑙产业发展存在的问题和原因，科学确定阜新玛瑙产业发展定位，并为玛瑙店铺和玛瑙企业设计营销策略、为政府及行业协会提出对策建议。

　　主要研究内容包括四个部分：第一部分，包括绪论和第一章，主要是介绍研究背景、研究目的意义及思路方法，界定基本概念，梳理文献综述和基本理论；第二部分，包括第二章和第三章，主要是介绍现状和分析问题；第三部分，包括第四章，主要是阜新玛瑙产业的环境分析与发展目标定位；第四部分，包括第五章和第六章，主要是对策研究，分别为玛瑙产业的经营主体（店铺和企业）及玛瑙产业的管理主体（政府和协会）提出对策建议。

第五节
研究方法

文献研究法。本研究查阅了大量的关于玛瑙和阜新玛瑙产业的相关文献，查阅了中国知网上和玛瑙有关的博士论文和硕士论文及相关期刊杂志上的论文。此外，由于玛瑙产业专题研究材料非常少，课题组还花了近万元购买了千讯（北京）信息咨询有限公司撰写的《中国玛瑙市场前景调查分析报告》2018 资深版。

问卷调查法。2018 年 6—10 月间，笔者组织辽宁工程技术大学阜新转型创新发展研究院的师生开展了阜新市玛瑙产业发展调查，包括阜新市玛瑙店铺经营状况调查和阜新市玛瑙产业发展访谈。其中，阜新市玛瑙店铺经营状况调查主要是问卷调查，涉及到阜新市区内鑫维玛瑙城和老玛瑙城，还有十家子镇战国红大市场和福光玛瑙城，经过四次调研，总计获取 674 份有效问卷，其中市区 124 份、十家子 550 份。

典型访谈法。到阜新鑫维玛瑙城、十家子玛瑙大集等先后访谈了阜新玛瑙界知名的雕刻大师、从业者和管理者 50 多人。

第一章
基本概念和相关研究

第一节
玛瑙与玛瑙产业

一、玛瑙

（一）玛瑙的定义

玛瑙（Agate），其矿物（岩石）名称为玉髓（Chalcedony），为天然玉石的一种，主要化学成分为二氧化硅（SiO_2），可含有铁（Fe）、铝（Al）、钛（Ti）、锰（Mn）、钒（V）等元素。玛瑙为隐晶质集合体，可呈致密块状，也可呈球粒状、放射状或微细纤维状集合体，具有条纹状或肾状结构。核芯或有水晶晶簇。玛瑙的摩氏硬度为6.5~7，密度为2.55~2.70g/cm^3，折射率一般为1.535~1.539，而基于点测法的折射率为1.53 或 1.54。[①]

（二）玛瑙的形成

玛瑙的历史十分久远。大约在一亿年以前，地下岩浆由于地壳的变动而大量喷出，熔岩冷却时，蒸气和其他气体形成气泡，而气泡在岩石冻结时被封起来，进而形成许多洞孔。很久以后，洞孔浸入含有二氧化硅的溶液凝结成硅胶。含铁岩石的可熔成分进入硅胶，最后二氧化硅结晶为玛瑙。[②]

（三）玛瑙的形态

玛瑙属三方晶系，常呈致密块状而形成各种构造，如乳房状、葡萄状、结核状、断口贝壳状等，常见的为同心圆构造。其颜色不一，视其所

---

① 辽宁省质量技术监督局：《玛瑙饰品分级》，2010 年。
② 陶明、徐海军：《玛瑙的结构、水含量和成因机制》，《岩石矿物学杂志》，2016 第 2 期，第 333–343 页。

含杂质种类及多寡而定，通常呈条带状、同心环状、云雾状或树枝状分布，以白色、灰色、棕色和红棕色为最常见，黑色、蓝色及其他颜色亦有。条痕白色或近白色。蜡样光泽，半透明至透明。

（四）玛瑙的种类

世界上比较著名的玛瑙产地有中国、印度、巴西、美国、埃及、澳大利亚、墨西哥、马达加斯加等国。中国、印度、马达加斯加、巴西、南非所产玛瑙品质较好。

玛瑙种类繁多，素有"千样玛瑙万种玉"之说。我国玛瑙资源比较丰富，已知产地遍及全国 24 个省区，其中有几个地点蕴藏量十分可观。在我国北方整个西辽河流域到处可见玛瑙的身影，也有人曾拾到珍奇的玛瑙而发家致富。

从分类角度来说，有象形图纹玛瑙（玛瑙天然图案、玛瑙画面石、象形切片、图纹玛瑙、水草玛瑙、海洋玉髓、风景玛瑙、图案玛瑙、影子玛瑙等总称）、南红玛瑙、战国红玛瑙、冰糖玛瑙、北红玛瑙、绿玛瑙、紫绿玛瑙、盐源玛瑙、缠丝玛瑙、火玛瑙、戈壁玛瑙、葡萄玛瑙、狼血玛瑙、新疆和田玛瑙籽料、虫玛瑙等。[①]

（五）玛瑙的颜色

玛瑙石有自然色的，也有后期加工染色的，后期染色的玛瑙通过红外光谱就能鉴定。

玛瑙的自然色十分丰富，常见的有如下几种颜色：[②]

红玛瑙：红是玛瑙的一种主色，一般玛瑙呈褐红色、酱红色、黄红色。有些玛瑙颜色不均匀，像南红玛瑙，其内部就有红色的点；

蓝玛瑙：以淡蓝色为主，色较深时透明度较差，有时在蓝色玛瑙中分布一些其他色彩鲜艳的纹带；

绿玛瑙：天然产出的绿玛瑙少见，优质者更为罕见，价格也相对较高；

紫玛瑙：紫色玛瑙较为少见，紫色有深有浅，其中以葡萄石最多，这类玛瑙质地较粗，常常为半透明状，但内蒙古狼血玛瑙的紫色较为细腻；

黑玛瑙：以黑色为主，微带青色或灰色，多数为半透明状；

[①] 才文博、田军：《玛瑙的分类》，《中国非金属矿工业导刊》，2000 年第 4 期，第 29-31 页。
[②] 毛立音：《玛瑙颜色和纹环带形成的机理》，《资源环境与工程》，2006 年第 2 期，第 126-128 页。

白玛瑙：呈乳白色或浅灰色，常与无色透明状玛瑙构成同心纹状、条带状，中间常有石英夹层；

灰玛瑙：为深灰色、浅灰色或青色，有的具有不明显的同心条带，内部常有石英夹层或砂心；

黄玛瑙：通常为淡黄色、橘黄色、褐黄色及浅黄色，有时与粉红、淡红、淡灰色玛瑙夹层构成美丽的纹带。

二、产业

（一）产业的含义

产业，英文名称"Industry"，与工业、行业等是同一个词。产业是一个含义非常丰富和宽泛的词汇，没有准确的定义，只是一些共识性的理解。一般来讲，产业是有组织的劳动，是具有同一种属性的企业的集合，其基本单位是企业，并由生产同类产品的企业组成一定的企业集群。[①] 产业是社会分工的产物，是社会生产力不断发展的必然结果，是介于宏观经济与微观经济之间的中观经济，随着社会生产力水平不断提高，产业定义的内涵不断充实，外延不断扩展。

（二）产业的分类

产业根据不同的目的和不同的关联方式（通过包括技术关联、原料关联、用途关联、方向关联等）有不同的分类方法，经常使用的分类方法主要有两大领域、两大部类分类法，三次产业分类法，资源密集度分类法和国际标准产业分类法。[②]

1. 两大领域、两大部类分类法

这种分类法就是按生产活动的性质及其产品属性对产业进行分类。按生产活动性质，把产业部门分为物质资料生产部门和非物质资料生产部门两大领域，前者指从事物质资料生产并创造物质产品的部门，包括农业、工业、建筑业、运输邮电业、商业等，后者指不从事物质资料生产而只提供非物质性服务的部门，包括科学、文化、教育、卫生、金融、保险、咨

---

① 徐仲伟、周兴茂、谈娅：《关于文化创意产业的几个基本理论问题》，《重庆邮电大学学报（社会科学版）》，2007年第6期，第60-66页。
② 苏东水：《产业经济学》，高等教育出版社，2010年。

询等部门。

2. 三次产业分类法

这种分类法是根据社会生产活动历史发展的顺序对产业结构的划分。产品直接取自自然界的部门称为第一产业，对初级产品进行再加工的部门称为第二产业，为生产和消费提供各种服务的部门称为第三产业。这种分类方法目前是世界上较为通用的产业结构分类方法。我国的三次产业划分是：第一产业：农业（包括种植业、林业、牧业和渔业）；第二产业：工业（包括采掘业，制造业，电力、煤气、水的生产和供应业）和建筑业；第三产业：除第一、第二产业以外的其他各业。根据我国的实际情况，第三产业可分为两大部分：一是流通部门，二是服务部门。具体可分为四个层次：第一层次：流通部门，包括交通运输、仓储及邮电通信业，批发和零售贸易、餐饮业。第二层次：为生产和生活服务的部门，包括金融、保险业，地质勘查业，水利管理业，房地产业，社会服务业，农、林、牧、渔服务业，交通运输辅助业，综合技术服务业等。第三层次：为提高科学文化水平和居民素质服务的部门，包括教育、文化艺术及广播电影电视业，卫生、体育和社会福利业，科学研究业等。第四层次：为社会公共需要服务的部门，包括国家机关、政党机关和社会团体以及军队、警察等。

3. 资源密集程度分类法

这种产业分类方法是按照各产业所投入的、占主要地位的资源的不同为标准来划分的。根据劳动力、资本和技术三种生产要素在各产业中的相对密集度，把产业划分为劳动密集型、资本密集型和技术密集型产业。劳动密集型产业是指生产主要依靠大量劳动力，而对技术和设备的依赖程度低的产业，其衡量的标准是在生产成本中工资与设备折旧和研究开发支出相比所占比重较大。一般来说，目前劳动密集型产业主要指农业、林业及纺织、服装、玩具、皮革、家具等制造业。随着技术进步和新工艺设备的应用，发达国家劳动密集型产业的技术、资本密集度也在提高，并逐步从劳动密集型产业中分化出去。例如，食品业在发达国家就被划入资本密集型产业。资本密集型产业是指在单位产品成本中，资本成本与劳动成本相比所占比重较大，每个劳动者所占用的固定资本和流动资本金额较高的产业。当前，资本密集型产业主要指钢铁业、一般电子与通信设备制造业、运输设备制造业、石油化工、重型机械工业、电力工业等。资本密集型工业主要分布在基础工业和重加工业，一般被看作是发展国民经济、实现工业化的重要基础。技术密集型产业是指在生产过程中，对技术和智力要素依赖大大超过对其他生产要素依赖的产业。目前技术密集型产业包括：微电子与信息产品制造业、航空航天工业、原子能工业、现代制药工业、新材料工业等。

4. 国际标准产业分类

为使不同国家的统计数据具有可比性，联合国颁布了《全部经济活动的国际标准产业分类》（ISIC），现在通行的是 1988 年第三次修订本。这套《国际标准产业分类》分为 A~Q 共 17 个部门，其中包括 99 个行业类别。这 17 个部门为：A. 农业、狩猎业和林业；B. 渔业；C. 采矿及采石；D. 制造业；E. 电、煤气和水的供应；F. 建筑业；G. 批发和零售、修理业；H. 旅馆和餐馆；I. 运输、仓储和通信；J. 金融中介；K. 房地产、租赁业；L. 公共管理和国防；M. 教育；N. 保健和社会工作；O. 社会和个人的服务；P. 家庭雇工；Q. 境外组织和机构。我国发布的《国民经济行业分类与代码》就是参照了《全部经济活动的国际标准产业分类》而制定的，因此产业划分与包括"经济合作与发展组织"（OECD）在内的大多数国家基本一致。[1]

（三）玛瑙产业

玛瑙产业是围绕着玛瑙的开采、加工、鉴赏、交易等为内容的，且利益相互联系的、具有不同分工的、由各个相关行业所组成的业态总称。尽管它们的经营方式、经营形态、企业模式和流通环节有所不同，但都是和玛瑙有关的经济活动主体的经济文化活动的集合。玛瑙产业包括玛瑙原石的开采、进出口贸易、交易，玛瑙制品的设计、雕刻加工、销售、体验、展览，玛瑙文化的宣传、推介、体验，以及与玛瑙有关的旅游、演出、展会、文化节、竞赛等经济文化活动。

---

[1] 苏东水：《产业经济学》，高等教育出版社，2010 年。

第二节
文化创意产业理论

一、文化

文化在中西方语境中含义是不同的。文化的英文是"Culture"，在西方原本指对土地的耕耘和对植物的栽培，后引申为对人的身体和精神两方面的培养。在中国，文化的含义是文治与教化。中国著名哲学家张岱年认为，文化是一个包含多层次、多方面内容的统一体系，或者说是由许多要素构成的有一定结构的整体系统。其主要结构大致可以划分为物质文化、制度文化和观念文化三类。[①]毛泽东则遵循马克思主义关于人类社会结构三维划分的思路，把文化看成是与经济、政治并列且相互作用的独立体系。英国文化人类学奠基人泰勒（Edward Burnett Tyler，1832—1917）认为，"文化，就其在民族志中的广义而言，是个复合的整体，它包含知识、信仰、艺术、道德、法律、习俗和个人作为社会成员所必需的其他能力及习惯"[②]。这一说法至今仍为学界所普遍接受。

综合学者们的研究可以看出，文化是一个复合的整体。从广义看，文化是指人类创造的一切物质产品和精神产品的总和，是人类改造自身、改造社会、改造自然的一切活动及成果，通常被分为物质文化、制度文化和观念文化等。狭义的文化是指观念文化，属于人类的精神生产活动，主要是指语言、文学、艺术及一切意识形态在内的精神产品。不论是广义还是狭义，其核心都体现为价值观和思维方式，其核心就是一定的人文精神，

---

① 张岱年、程宜山：《中国文化与文化论争》，中国人民大学出版社，1997年，第4-5页。
② Tyler. The Origins of Culture. New York: P.L, Harper and Brothers Publishers, 1958。

它代表了人类独有的生活方式，属于上层建筑。

二、文化产业与文化创意产业

文化产业（Culture Industry），通常是指现代社会以工业化的方式生产文化符号以满足人们精神消费所需要的产业。通常具有经济效益与社会效益的双重属性，既可获得高额利润，又具有意识形态的价值导向性，内容和方式上具有创造性，作用上具有较大的带动性，对其他产业具有明显的辐射力和带动性，与人的素质具有强烈的联动性，可以使人的内在素质和精神得到升华。文化产业主要包括：音像业、报业、出版业、广播业、电影业、电视业、动漫业、文艺演出业、软件及计算机服务业、互联网业、旅游业、艺术品及古玩市场、建筑艺术业、公共文化服务业、体育娱乐业、广告业等。

一般认为，文化产业是由德国法兰克福社会学派本雅明（Walter Benjamin，1892—1940）在1926年撰写的《机械复制时代的艺术作品》一书中首先提出来的，但不同国家又有不同的表述。美国学界认为，所谓文化产业，是指通过工业化和商业化方式进行的文化产品和文化服务的生产、交换和传播。英国学界认为，那些出自个人的创造性、技能及智慧和通过对知识产权的开发，生产可创造潜在财富和就业机会的活动，统属文化产业。在日本，文化产业统称为"娱乐观光业"，这比较准确地反映了日本文化产业发展的特征。从这三个国家对文化产业的理解来看，美国强调"工业化"、"商业化"和"传播"，这反映了产业化的特征，英国强调对文化的创意，强调任何文化产业都必须奠定在文化的底蕴之上，日本则强调了文化产业的市俗化倾向。[1]

文化创意产业是以人们的精神文化娱乐需求为基础，以创意为主要特征，以网络为重要传播方式，注重文化艺术与经济的全面结合，向大众提供文化、艺术、精神、心理、娱乐产品的新兴产业。

文化创意产业严格说来源于英国1997年在文化产业的基础之上发明"创意产业"这一新理念而提出来的。但早在1912年，德国著名的经济史

---

[1] 郭辉勤：《创意经济学》，重庆出版社，2007年，第94-95页。

及经济思想家熊彼特（Joseph Aloes Schumpeter，1883—1950）就曾明确指出，现代经济发展的根本动力不是资本和劳动力，而是创新，创新的关键就是知识和信息的生产、传播和使用。可以认为，熊彼特初步奠定了"创意产业"的理论基础。1997年，英国人在熊彼特的基础之上又明确提出了创意产业、创意经济（creative industry，creative economy）、创造性产业等概念，而且还将创意产业界定为："源自个人创意、技巧及才华，通过知识产权的开发和运用，具有创造财富和就业潜力的行业。"Caves（2004）①和Jason Potts（2008）②分别试图从"文化经济学"和"社会网络市场"视角定义创意产业，他们的定义既关注了创意的结果，又涉及创意的生成和扩散过程，并将创意产业的归属实现从一个产业部门向经济活动中创新体系的一部分转变（张斌，2011）。③在国内，2006年，《国家"十一五"时期文化发展规划纲要》首次使用"创意产业"的概念；同一年，北京市统计局发布《北京市文化创意产业分类标准》，首次明确"文化创意产业"的概念。可见，文化创意产业实际上是一种在当今全球化消费社会的背景中，基于一定的文化系统发展起来的、推崇创新、个人创造力、强调文化艺术对经济的支持与推动的新兴理念、思潮和社会实践活动。④文化创意产业通常具有文化特征、创意特征、人才特征、大众化特征、高附加值特征。⑤

实际上，当今世界的很多国家，对"文化产业"和"文化创意产业"并未做严格区分，它们在本质上是一致的，只不过存在一定的发展程度和不同阶段的差异而已。可以认为，文化产业侧重于工业化的生产方式，是初级阶段，而文化创意产业则侧重于创意，是一个新的发展阶段。在我国，学者们和社会各界在使用这两个词时通常区别不大，内涵基本相同。

① Caves R E.Creative industries:contacts between arts and commence. Cambridge: Harvard University Press, 2000.
② Jason Potts, Stuart Cunningham, John Hartly, Paul Ormerod. Social network markets: A new definition of the creative industries. Journal of Cultural Economics, 2008（32）: 167-185.
③ 张斌:《欧美创意产业研究及启示》,《学术界》, 2011年第12期, 第218-226页。
④ 徐仲伟、周兴茂、谈娅:《关于文化创意产业的几个基本理论问题》,《重庆邮电大学学报（社会科学版）》, 2007年第6期, 第60-66页。
⑤ 郭辉勤:《创意经济学》, 重庆出版社, 2007年, 第94-95页。

三、文化创意产业发展经验

（一）法国文化创意产业发展经验

法国把文化创意产业与旅游业融合，打造旅游魅力的智核。2013年11月上旬，"法国创意论坛"发布了《文化创意产业经济观察》研究报告，这是法国首次对文化创意产业进行全面的统计。法国文化部长菲莉佩斯为报告作序。该报告指出：文化创意产业是推动法国旅游业的杠杆之一。2011年游客来法国旅游的目的中，35%的游客首选"文化游"，远远高于来"购物游"（19%）和"自然游"（18%）。"文化游"为法国旅游业增加了180亿欧元的收入。世界五大城市的电影节，每年伦敦有61次，纽约有57次，东京有35次，上海仅为2次，而巴黎高达190次。再如，五大世界城市的主要艺术节和庆典活动，如每年举办的狂欢节、音乐节等次数，每年伦敦有254次，巴黎高达360次。[1]

（二）台湾地区系统化促进文化创意产业发展经验

台湾地区首先在组织、法律和策略上，为文化创意产业进行清晰的顶层设计。2011年针对文化创意产业提出了四个发展策略与实践导向：一是泥土化（在地化），即培育在地文化人才，全面整合乡村与原住民族部落的特色资源发展"微型"文化创意产业，营造发展合乎当地文化美学的生活环境空间；二是国际化，即建构全球文化交流网络，传播台湾地区人文思想，构建各类型文艺团体的跨领域链接，拓展并推广台湾地区多语种的文化"工具箱"；三是产值化，即推动开放文化资源，促进一源多用，强化中介体系，促成跨界与跨业整合，提升文化创意产业价值；四是云端化，即提供文化资源与艺文活动的整合服务，提供艺文网络直播与视讯服务，促进文化"云资源"分享，构建全台文化历史"记忆资料库"，推动"社区云端"创新。

为了促进文化创意产业的发展，台湾地区还构建了系统的激励机制和政策体系。例如，对文化创意产业的无形资产质押贷款进行科学的评估与"鉴价"，对产业发展相关数据进行统计和分析，以综合性的手段引导和激

---

[1] 花建：《文化创意产业与相关产业融合发展的四大路径》，《上海财经大学学报》，2014年第4期，第26—35页。

励文化科技的创新、应用与推广，推动基础开发平台建设，积极传递政府导向信息等。此外，按照相关法规的要求，2015 年台湾地区出台了"文化创意产业辅导陪伴计划"，成立"辅导艺文产业创新育成中心"，为文化创意从业者开辟专门的服务窗口，提供软硬件设施及服务，促进产学资源的整合，从技术、知识、资金等方面提供全方位的育成辅导，从而协助文化创业从业者和企业提升市场竞争力。依托文化创意产业园区营造良好的"文创生态圈"，构建了"辅导核心创作及独立工作者进驻文创聚落"的补助机制，提升文化创意产业园作为演出、展示、交易、跨界资源整合及宣传窗口等平台的功能。[①]

四、文化创意产业发展趋势

文化创意产业正在呈现出新的发展趋势，表现出在生产方式与商业模式上发生变革、基于信息技术跨界融合、全球生产网络浮现等新特征。通过科技融合、空间融合、产业融合与社会融合，文化创意产业对城市转型发展形成驱动作用。借鉴国际经验对城市转型实践的启示，中国的文化创意产业应该树立"文化生态观"，从"文化资源"到"文化生态"，树立"文化规划观"，从"规划文化"到"文化规划"，树立"文化创造观"，从"走出去"到"走进去"。文化创意产业作为驱动城市转型发展的重要动力，在国际性大都市、后工业化城市的转型发展过程中有着广泛的实践。[②]

---

① 黄信瑜、李寅瑞：《文化创意产业演化升级的政策范式：台湾地区的经验及其启示》，《江海学刊》，2017 年第 4 期，第 222-228 页。
② 周蜀秦、李程骅：《文化创意产业驱动城市转型的作用机制》，《社会科学》，2014 年第 2 期，第 66-75 页。

第三节
工艺品及其营销

一、工艺品的定义

按照《现代汉语词典》的定义，工艺是指将原材料或半成品加工成产品的工作、方法、技术等，工艺品是指工艺产品，一般的手工艺产品。工艺品来源于生活，却又创造了高于生活的价值。它是人民智慧的结晶，充分体现了人类的创造性和艺术性，是人类的无价之宝。日本工艺大师柳宗悦（2006）认为，传统工艺大体上可以分为三个层面：一是"贵族的工艺"，这是为王公贵族们制作的；二是"个人的工艺"，是个人作者以表现美为目的而自由地制作的器物；三是"民众的工艺"，是以服务于民众生活为目的而制作的器物。[①]

二、工艺品、艺术品和文化产品

文化产品是人们在社会生活和生产过程中创造的物质及非物质形态。文化和文化产品的区别在于，文化是抽象的概括，文化产品是具体化的概括。文化产品既包括现当代文化产品也包括历史文化产品，历史文化产品在概念上通常称为文化遗产或文物。

艺术品是艺术家在特定的时间与地点，对自然、社会、人生的再认识。因此，概括地讲，艺术品是指经人创作、制造、加工的具有艺术审美性、非再生性，体现创作者及制造者文化个性和民族性的艺术载体。艺术

---

① ［日］柳宗悦：《工艺文化》，广西师范大学出版社，2006年，第13页。

品有物质形态也有非物质形态。物质形态如雕塑、绘画、各类手工艺品；非物质形态如音乐、戏曲、各类表演艺术等。一切艺术产品都属文化产品的范畴，但文化产品并不都是艺术产品。非艺术产品主要包括生产生活工具、军事用具、仪礼及祭祀用具等。艺术品是艺术创作者（含生产者）个性化思想与艺术手法的具体呈现，突出特点是差异化、非规模化、非标准化、非程式化。

"手工艺产品"指以人的手工为主要手段、部分借助模具或专业设备生产的产品。手工艺产品具有设计及生产上的双重手工性。其本质属性在于生产过程及工艺流程的手工化、生产者的差异化、产品的差异化等。手工艺产品是艺术品的重要一类。

三、中国工艺品的营销

中国的一些学者对中国工艺品的营销策略进行过比较深入的研究。徐曼（2012）以中国的陶瓷工艺品为例，认为中国的陶瓷工艺品营销存在着很多问题，全世界三分之二的瓷器产于中国，但大多数是廉价产品，每年外销数十亿，平均售价每件却仅有 0.25 美元。中国历史悠久的精美工艺品在国外却只能卖个"地摊货"的价位，主要原因是缺少原创性、创新型陶瓷工艺品的自主品牌。徐曼通过对陶瓷品牌"法蓝瓷"仅 11 年即已成为世界陶瓷界最耀眼的、最富知名度的创意型奢侈品品牌为例，围绕著名的"4P 理论"：产品（Product）、价格（Price）、渠道（Place）、促销（Promotion），详细分析了"法蓝瓷"品牌建设过程。[①] 罗铭、姬冰璇（2015）认为，由于近年来收藏投资等文化资本的介入，使民间工艺品的价格呈现出"冰火两重天"，高端产品的价位不断提升，而中低档产品在旅游景点、自由市场等，以极低的价位售卖。高端市场部分产品以次充好、鱼龙混杂，巨大的价格陷阱让购买者望而却步，公信力不足阻碍了销量的提升，人们对安徽民间工艺品的知晓度不足，商家营销宣传力度不够，民间工艺品营销状况出现了暂时性低迷，客观上造成了安徽民间工艺

---

① 徐曼：《4P 理论在当代陶瓷工艺品品牌营销策略中的应用》，《陶瓷研究》，2012 年第 3 期，第 37–39 页。

品网络营销状况并不尽如人意。① 马玥等（2013）专门分析了大兴安岭林区木制工艺品在营销方面的问题，认为大兴安岭林区木制工艺品自身具有极高的美学观赏价值和收藏价值，但由于经营模式单一，多数产品的销售仅停留在当地季节性旅游市场。②

袁静（2017）认为，中华民族拥有精美绝伦的历史文物，这些文物是民族文化发展进程的见证，而传统手工艺品与历史文物一脉相承，当属民族文化的延续，一直以来传递着经久不衰的魅力并产生极其巨大的凝聚力和正能量，但传统手工艺在这个快速变化的时代越来越无所适从，应该进行营销战略的创新，并以 5A 级"一站式"服务营销体系为例，阐述 5A 级"一站式"服务营销体系的内容。③

李康化、张奕民（2016）认为，中国传统民间工艺品的制作技艺是各民族智慧的凝结，是历史文化资源的重要组成部分，并从供给侧改革和需求侧管理两方面为传统民间工艺品的市场营销提供新思路。从供给侧来看，传统民间工艺品在产品载体上应从创意设计着手，满足或者创造消费需求，充分发挥工匠精神，每个环节、每道工序、每个细节都精心打磨，追求卓越；在产品情感上应该传播传统民间工艺品背后的故事，体现其文化内涵和地域特色。从需求侧来看，可以通过定制服务、体验营销、社群推广和技术融合等方式，强化消费者对传统民间工艺品的产品认识和文化感知。④

---

① 罗铭、姬冰璇：《电商时代安徽民间工艺品的营销方式》，《湖北科技学院学报》，2015 年第 11 期，第 22-24 页。

② 马玥，等：《对传统手工艺品的全新营销手段的探索和实践》，《中国市场》，2013 年第 29 期，第 13-15 页。

③ 袁静：《浅谈传统工艺品可持续发展的创新服务模式——以品润高端工艺品 5A 级"一站式"服务营销体系为例》，《家具》，2017 年第 1 期，第 34-37 页。

④ 李康化、张奕民：《传统民间工艺品市场营销策略分析——基于供给侧和需求侧双驱动视角》，《中国文化产业评论》，2016 年第 1 期，第 245-258 页。

第四节
奢侈品及其营销

一、奢侈品的概念和特点

（一）奢侈品的概念

"奢侈"一词是一个历史悠久的纯中国的词汇,《国语》中便有"及桓子,骄泰奢侈,贪欲无艺,略则行志"这样的说法,"奢侈"这个词在中文中带有明显的贬义,一般作"挥霍浪费钱财,过分追求享受"的解释。"奢侈"作为形容词是英文形容词"Luxury"的中文翻译。在英文中,"Luxury"一词源于拉丁文的 Lux 和 Luxus,前者意为"光"和"明亮"。"Luxury"在《牛津高阶辞典》中的注解为"one thing that is expensive and enjoyable but not essential",在《剑桥高阶辞典》中解释为"something expensive which is pleasant to have but is not necessary"。可见,"奢侈"一词在英语的解释中没有贬义的感情色彩。[①]

根据《消费经济学大辞典》解释,奢侈品是指同收入相比,其需求按更大比例增加的那部分消费品。用经济学原理分析,通常把奢侈品定义为需求收入弹性大于 1 的商品。需求收入弹性的计算是用需求增长的百分比除以收入增长的百分比。需求收入弹性大于 1 表示当收入水平增长时,该商品的需求量也在增长,但需求的增长幅度高于收入水平的增长幅度,该商品就是奢侈品。反之,当收入水平增长时,该商品的需求量也在增长,但需求的增长幅度低于收入水平的增长幅度,该商品就是必需品。还有一

[①] 韦程:《自主奢侈品牌文化定位与奢侈品设计分析》,湖北工业大学硕士论文,2012 年。

种商品，当收入水平增长时，该商品的需求量反而在下降，这种商品就是劣质品。劣质品表示随着收入的提高，人民越来越不需要这种商品了，如黑白电视等。另一方面，奢侈品同时也被认为是"价值品质"比值最高、"无形价值／有形价值"比值最高的商品，商品价值中使用价值低、而精神文化价值所占比重高。

（二）奢侈品的特点

法国巴黎大学（Douphine）教授、EIM 巴黎及上海办事处合伙人经理米歇尔·舍瓦利耶（Michel Chevalier）博士和法国高等经济与商业学院（ESSEC）奢侈品品牌管理 MBA 课程的负责人热拉尔德·马扎罗夫（2008）认为，奢侈品必须满足三个不同的条件：首先必须具有浓厚的艺术内涵，其次必须是工匠精心雕琢的结果，再有它必须具有国际性。[1]刘晓刚、朱泽慧、刘维佳（2009）在《奢侈品学》一书中将奢侈品的特征归纳为七个，分别为：富贵特征、彰显高级美感、个性化突出、定位专一、大众距离感、历史声誉价值和顶级品质的代表。[2]这明显佐证了艺术美对于奢侈品的首要性。艺术美作为奢侈品的一种内涵与外延的"美"的至高精神与视觉的享受，而艺术品品性也成为顶级奢侈品不可或缺的品性之一。艺术品与奢侈品有着不可分割的渊源。艺术品是人们欣赏美的载体，价格不菲的奢侈品具备一般商品普遍缺乏的艺术特质，显示出至高境界的品性，并且奢侈品的消费行为也不能简单地归结为对时尚的追逐，而是更多地具有高雅情趣的特性。由于奢侈品首先必须具有浓厚的艺术内涵，就使得奢侈品与艺术之间有着某种"血缘关系"，奢侈品的设计师必须将奢侈品品性中融入部分艺术品品性，在设计上注入了更多的艺术气质，繁复的制作工序与精湛卓绝的制作工艺都为奢侈品提供了通往艺术品级别的保证。对于商品中的顶级商品——奢侈品来说，其透露出别具一格的艺术气息，是其大幅提高商品附加值的重要理由之一。因此，奢侈品中注定要体现出艺术思潮对奢侈品艺术价值取向所产生的影响，历经千百年的艺术思潮的主张及风格也在奢侈品中反映出来。

---

[1] ［法］米歇尔·舍瓦利耶、［法］热拉尔德·马扎罗夫:《奢侈品品牌管理》，卢晓译，格致出版社、上海人民出版社，2008 年。

[2] 刘晓刚、朱泽慧、刘维佳:《奢侈品学》，东华大学出版社，2009 年。

　　由于奢侈品的本质是产品而非纯粹的艺术品，设计师与艺术家考虑的问题往往不尽相同，相对而言，设计活动受到的限制条件比艺术创作多，后者在发散创作思维的自由度上也更为随心所欲。除了审美价值以外，艺术还具有认识功能、社会功能、教育功能、娱乐功能等其他社会功能。其中艺术的认识功能使人们通过艺术活动而认识自然、认识社会、认识历史，并借此了解人生。奢侈品常常借用艺术品的这些功能，通过视觉传达来传播品牌自身的精神价值。例如，艺术的教育功能可使受众通过艺术活动而受到真、善、美的感染与熏陶，通过潜移默化的方式引起受众的思想感情与价值观等方面产生深刻的转变。以艺术的娱乐功能来使消费者通过观赏或聆听等途径，对具有一定形式的艺术载体，即奢侈品所表现出来的形式与内容进行艺术价值的评价，并从中获得感官与精神的愉悦与享受。由于艺术价值在奢侈品中的不可或缺性，使奢侈品皆具有或多或少的艺术面貌，更有许多奢侈品以艺术品自居，以提升自身在消费者心智中的价值。

　　在物质形态上，除奢侈品的使用功能外，奢侈品所有的是由形式美感和精湛工艺等内容形成的艺术价值；而在精神形态上，除了奢侈品的象征功能以外，奢侈品的历史故事、精神文化与地域色彩偏好等特色人文内容也可转化为奢侈品的艺术价值。这些艺术价值都融于奢侈品中，成为奢侈品的艺术美，并使奢侈品有着艺术品般的极高品位。欣赏艺术价值的行为本身就蕴含一定的"奢侈"性，优雅的环境、闲适的心境、充裕的时间、高雅的举止与高品位的人群，均是确保不失原味地去欣赏奢侈品中蕴含的艺术价值所不可或缺的条件。奢侈品设计中丰富、深厚的艺术底蕴，使消费者对高级奢侈品所释放出的艺术魅力以及卓绝工艺美而趋之若鹜。奢侈品将其艺术美的感受传递给消费者，其艺术魅力感动着消费者，以此满足奢侈品消费者对奢侈品的艺术审美的心理诉求。中国奢侈品牌的奢侈品设计以中国传统的精湛手工艺，表现出深厚的艺术底蕴，演绎着美妙绝伦的中国传统"艺术美"。①

　　在数量上，艺术品具有唯一性和不可复制性，而奢侈品中的顶级奢侈品，如服装类中的高级定制单品独件也具备艺术品品性中的唯一性与不可

---

① 韦程：《自主奢侈品牌文化定位与奢侈品设计分析》，湖北工业大学硕士论文，2012 年。

复制性。而其他级别的奢侈品根据其品类与级别来决定其单品数量，当然奢侈品的稀缺性也已决定了其产量上为少量。①

二、奢侈品的发展历史和分类

（一）奢侈品的发展

从史前时代出现具有装饰功能的物件开始，奢侈品的发展历经多个不同的阶段：古代的享乐主义、中世纪的宗教推崇、十六世纪的文艺复兴、十七世纪王室的奢靡之风、十八世纪的哲学思辨、十九世纪资产阶级的精致生活，以及二十世纪的民主与创新。在相当长的历史时期内，只有男性才能享用奢侈品，奢华的生活方式也饱受诟病。直到十八世纪，奢侈品的发展出现了明显的女性化趋势，大众亦毫不掩饰对奢侈品的喜爱。

十九世纪初路易威登、爱马仕、迪奥、香奈儿、卡地亚等品牌先后在法国诞生，品牌时代随之到来，奢侈品被赋予了品质优良、工艺精湛、设计独特、距离感、历史悠久及深厚的文化底蕴等新的特点。品牌的崛起巩固了法国在行业中的优势地位，品牌间强强联合也使产业发展最终走上了集团化的道路。

进入二十世纪，奢侈与时尚相融合成为时代发展的显著标志。时尚产业集合了所有奢侈品牌，相关产品可满足社会各阶层的不同需求。由于更多地体现了女性对某种穿着和行为的赞同和模仿，时尚从狭义上说是与女性服饰密切相关的产业与贸易，其发展过程也具有明显的女性化特点。以法国为例，每个年代都有标志性的女装风尚，如世纪之初的"无衬裙"和"身体解放"，二十年代的"假小子"风格，三十年代的"回归优雅"，四十年代的"向好莱坞致敬"，五十年代的"新装扮"，六十年代的迷你裙，七十年代的"纯粹雅致"以及九十年代的"自由复古风"。让卡斯塔雷德、罗兰巴特和皮埃尔布尔迪厄等著名学者一致认为，奢侈、时尚与文化密切相关。②奢侈品对女性及其文化的影响尤为明显。在奢侈产业女性化的影响之下，法国的女性报刊及广告行业迅速发展，女性摄影和新电影

---

① 韦程：《自主奢侈品牌文化定位与奢侈品设计分析》，湖北工业大学硕士论文，2012 年。
② 苏昉：《永恒的奢侈，不朽的时尚——奢侈品消费的历史及文化解析》，武汉大学博士学位论文，2013 年。

艺术诞生，法国女性参与运动和爱护身体的权益也得到了保障。

　　二战以后，奢侈产业的发展遍及全球。欧洲依然是最大的市场，仅法国就占据了全世界三分之一以上的生产和销售份额。美国和日本凭借强大的购买力也在核心市场中占有一席之地。然而，二十世纪末的世界经济危机之后，传统市场进入停滞期，购买力亦出现疲软。各大品牌纷纷加快步伐，进军亚太、中东和南美等新兴市场。于此同时，四处泛滥的仿冒品及"快时尚"品牌的竞争也给行业发展带来不小的冲击。二十世纪九十年代，第一批西方奢侈品牌进入中国。三十年间，随着经济的飞速发展，中国已经成为最有潜力的奢侈品消费市场。然而，这两个市场截然不同，其差异主要体现在客户群、消费心理和消费习惯等三个方面。

　　几百年来，法国一直是奢侈品行业的领头羊，以先进的产业、成熟的市场和理性的消费闻名于世。首先，法国的奢侈品消费群体比较稳定，由富裕阶层和中产阶层组成，男女比例相当。而在中国，奢侈品购买者相对年轻，分布于社会各个阶层，女性人数明显居多。其次，法国人对本国发达的奢侈产业颇为自豪，但大多数人赞同奢侈消费应该与个人收入相称。消费者购买奢侈品主要是为了满足自身需求，对所购产品的品牌也有较为全面的了解。他们乐于接受二手商品，但对仿冒品深恶痛绝。在中国，消费者对外国奢侈品牌趋之若鹜。为了炫耀财富、社会地位和追赶时髦，不少人不顾个人收入和经济承受能力，盲目地大手笔消费。中国顾客很看重品牌的名气，但对品牌本身知之甚少。他们很难接受二手商品，但对仿制品的态度却较为宽容。最后，法国人偏爱购买贵重奢侈品，注重品牌风格和产品质量，购买商品多用于自用或收藏。消费者喜欢经典款式，也乐于接受新尝试。他们对品牌的忠诚度很高，大多进行习惯性购物，地点一般选在品牌直营店铺或高端百货商场。而中国人偏爱价格相对亲民的奢侈品，品牌名气与产品材质是决定是否购买的主要因素，所购商品主要用于商务馈赠和亲友之间的人情往来。他们偏爱辨识度高的经典款式，但对品牌的忠诚度不高。除少数高端客户外，大部分消费者购物频率较低，购买方式也多半选择性价比较高的品牌官网或海外代购。相对宽松的政治环境、境外旅游和国际贸易的发展以及各大品牌的海外扩张策略造就了崛起中的中国奢侈品市场。[1]

（二）奢侈品的分类

中国著名品牌专家、中国品牌战略学会（H.K）首席专家、北京智胜堂营销顾问有限公司总顾问杨清山（2009），通过研究国际奢侈品的发展势态，认为全球奢侈品的存在特征基本相同于国际葡萄酒的存在状况。因此，杨青山先生提出，"全球奢侈品事实上已经演变成为两大流派：一派是旧世界奢侈品，另一派是新世界奢侈品"。旧世界奢侈品品牌主要来自于欧洲国家，它们皆是那些欧洲老牌公司的杰作。所谓"旧世界奢侈品"指的是来自于欧洲国家出产的具有长久品牌历史的顶级商品。它们采用珍贵材料，使用精湛工艺，独创经典款式、内含贵族文化，以超高价格卖给最富贵的人。

所谓"新世界奢侈品"指的是主要以美国、日本为代表出产的具有一定品牌历史的高级商品。它们采用极佳材料，使用精湛现代工艺，独创时尚流行款式，张扬自由叛逆文化，以较高价格卖给中等富裕人群。[2]

韦程（2012）从经济学和价值表现的角度，把奢侈品划分为以下几个不同等级：

顶级奢侈品：即处于奢侈品中最顶端水平的奢侈品。顶尖奢侈品是奢侈品行业的领军品牌，通常具有唯一性，如服装类奢侈品中的顶级高级定制、单品独剪。

高级奢侈品：即处于奢侈品中高端水平的奢侈品。其在奢侈品的各项标准上都达到相当高的程度，与顶级奢侈品的显著差别在于高级奢侈品多为限量，即极少量重复，而没有顶级奢侈品的"唯一性"。

中级奢侈品：也可称为普通级奢侈品或标准级奢侈品，是指那些处于中端水平的奢侈品。中级奢侈品以其较高的性价比成为这个行业中的市场主流。

基本奢侈品：也可称为入门级奢侈品，是指那些刚刚可以跻身奢侈品队伍的奢侈品。入门级奢侈品为意欲问津奢侈品的消费者提供了"学习

---

[1] 苏昉：《永恒的奢侈，不朽的时尚——奢侈品消费的历史及文化解析》，武汉大学博士学位论文，2013年。

[2] 杨清山：《中国奢侈品本土战略》，对外经济贸易大学出版社，2009年。

性"商品。

准奢侈品：即高级商品。是指那些具有某些奢侈品特征的商品，主要集中在工业品中质量优秀的高价商品。

奢侈品不仅是提供实用价值的商品，更是提供高附加值的商品；奢侈品也不仅是提供有形价值的商品，更是提供无形价值的商品。对奢侈品而言，它的无形价值往往要高于它的可见价值。[①]

三、奢侈品营销

（一）奢侈品营销的独特性

由于奢侈品相对于必需品的差异，它首先承载了高昂的价格，成为了消费社会的终极向往，其次，奢侈品品牌的文化内涵已经成为了品牌符号系统里最突出的特点。因此奢侈品的营销有其独特之处。梅瑜（2013）将奢侈品的营销归纳为七个特点，分别是：体现局度的专业化、高端的产品品质；突出产品的稀缺性与差异性；强调品牌的情感诉求，与客户建立长远的关系；普遍采取高价格策略；用控制供给的方式提高奢侈品的价值；强调产品的历史文化背景、文化内涵；细分目标客户群，面向特定人群，而不是大多数的消费者。[②]

（二）奢侈品营销的影响因素

消费者行为研究的核心问题是消费者购买动机的形成问题。按照行为学派理论的传统解释，某种"看得见的行动"来自某种相应的刺激。然而这种传统解释被认为过于简化。目前有研究强调，消费者行为是由各种内在和外在因素共同作用于消费者产生的结果，分析消费者行为动机要全面分析所有与消费者相关的内在因素和外在因素。消费者内在的需要是驱动消费者购买行为的主要动因。

结合奢侈品消费行为的研究，目前的理论认为，奢侈品消费者行为是一个整体、连续的过程，获取或购买奢侈品只是这一过程的一个阶段或环节，奢侈品消费行为还包含其行为产生的情感体验等。因此，奢侈品消费者行为学的研究既应调查、了解消费者在获取产品、服务之前的评价与选

---

① 韦程：《自主奢侈品牌文化定位与奢侈品设计分析》，湖北工业大学硕士论文，2012年。
② 梅瑜：《中国奢侈品市场的文化营销特点研究》，首都经济贸易大学硕士论文，2013年。

择活动，也应重视在产品获取后对产品的使用等活动。消费者所想的（认知）、所感觉或体验的（情感）是与相应的环境交互作用的。主要有两类：个体与心理因素和环境因素。

个体与心理因素是指消费者的需要与动机、知觉、学习与记忆、态度、个性、自我概念、生活方式等。这些因素影响甚至决定消费者的决策行为，而且它们对外部环境与营销刺激的影响起放大或抑制作用。由于奢侈品消费的内涵不仅是物质上的，更大一部分是情感上的，所以它更强调消费者在消费产品的同时，获得个体心理满足，奢侈品的精神价值对于消费者远远超过了使用价值。在奢侈品"完美主义"和"享乐主义"的购买动机的驱使下，奢侈品消费是为了一种个体享受需求的实现，以获得一种自我体验上的愉悦价值；或者是为了个人一种追求完美心态，期望获得高品质、高质量的"完美"产品和价值。中国台湾的学者针对消费者心理因素方面，制作了项目量化表，对分布于新加坡、中国香港、日本、德国、英国、法国、加拿大、美国的受访者进行调查，发现了在消费者个体心理因素的奢侈品购买动机中存在四个维度，分别为自我取悦、自我赠礼、内在一致与品质保证，在奢侈品消费动机中个体与心理因素方面提出了新的观点。[1]

影响消费者行为的环境因素主要有文化、社会阶层、社会群体、家庭等。社会性导向角度，社会地位与社会角色扮演在奢侈品购买动机中发挥重要作用，这就是奢侈品消费中的炫耀性、从众性、独特性三种动机。从众性是为了获得社会群体的认同；独特性是为了获得个体超越群体的快感；炫耀性是为了获得虚荣的价值。这三种动机实际上都是消费环境对消费行为的影响作用。有的研究者进一步提出了"奢侈品消费者行为"五种购买动机，分别为炫耀性、独特性、从众性、享乐性与完美主义，并形成购买奢侈品的个人心理因素与社会环境因素综合框架结构，认为这五种动机分别存在于奢侈品消费行为中，只是强度不同而已。另外，也有研究者将消费者购买动机分为三种，分别为功能主义、体验主义与象征主义，并通过奢侈品与非奢侈品之间作比较研究，发现在这三种动机中，象

---

① 梅瑜：《中国奢侈品市场的文化营销特点研究》，首都经济贸易大学硕士论文，2013 年。

征主义在奢侈品消费购买动机中明显高于另外两种，表现特别显著，观察比较了成熟奢侈品消费市场与新兴奢侈品消费市场中消费者购买动机的区别，发现成熟奢侈品消费市场中的消费者，个人性的导向动机更加明显，即是从炫耀性、从众性、独特性等社会性的导向动机，逐渐发展为偏向个人性的导向动机，例如自我体验、自我赠礼、精神需求等个人性的导向动机。[①]

（三）奢侈品的顾客让渡价值理论

顾客让渡价值理论是美国著名的市场营销学者菲利普·科特勒在1996年提出的。该理论是通过研究消费者在消费行为过程中的心理感受，寻求顾客的满意价值所在。该理论认为，顾客让渡价值是总顾客价值减去总顾客成本后的价值，用数学公式表达：顾客让渡价值＝总顾客价值－总顾客成本。理性消费者在消费行为中会选择具有较高顾客让渡价值的产品。根据顾客让渡价值公式，要增加顾客的让渡价值，需要增加总顾客价值或减少总顾客成本。由于产品生产的原材料、设备、人力成本等总顾客成本不易改变，更可行的方式则是增加产品总顾客价值。总顾客价值中包含的附加产品价值之一就是文化价值。[②]

（四）奢侈品的马斯洛需要层次理论

美国人本主义心理学家马斯洛在其所著的《调动人的积极性的理论》（1943年出版）中提出了"需要层次论"。马斯洛认为，人的多种多样需要实际是有层次的，按照发生先后和强度的不同可以划分为5个等级，依次是：生存的需要、安全的需要、社会的需要、尊重的需要、自我实现的需要。人类在寻求需求满足时，必然是从较低的层次逐步达到较高的层次，即首先满足生存、安全等最基础的需要，当达到低级需求后，就会开始进一步追求更高层级的需要。根据这一理论，在营销的过程中，企业可以针对消费者不同的需求，采取相适应的竞争策略。企业在开发设计产品时，既要重视产品的核心价值，也应重视产品为消费者提供的附加价值，使得产品在满足消费者基本需求时，也要满足高层次的需要。

① 梅瑜：《中国奢侈品市场的文化营销特点研究》，首都经济贸易大学硕士论文，2013年。
② 梅瑜：《中国奢侈品市场的文化营销特点研究》，首都经济贸易大学硕士论文，2013年。

（五）奢侈品的文化营销理论

奢侈品的营销策略需要突出展现产品的文化内涵，注重融合消费者的文化需求。奢侈品市场营销中实施文化营销策略，能够有效地将奢侈品的物质优势和文化价值结合起来，体现出奢侈品独特性和差异化，发挥文化对消费行为的驱动力，增强奢侈品消费者对品牌的忠诚度和凝聚力，提高奢侈品生产企业的竞争力。[①] 文化营销主要基于目标消费群体的文化需求和目标消费市场的文化背景，目的是满足消费者文化需求、利用文化附加价值实现产品差异化，提升企业竞争力，达成营销目的。文化营销中的文化载体是产品，文化受众是目标消费群体，文化传播是在目标市场中，而不是企业在营销活动中形成的文化，也不是文化类产品要表达的文化。文化营销需要利用产品文化及与产品相关的文化内涵与目标消费群体的文化需要之间的交集，实现产品差异化和提升产品的竞争力，并凝聚消费者忠诚度，实现企业的可持续发展。

---

① 梅瑜：《中国奢侈品市场的文化营销特点研究》，首都经济贸易大学硕士论文，2013年。

第二章
阜新玛瑙产业发展概况

第一节
阜新与阜新玛瑙

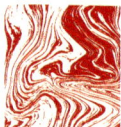

一、阜新

（一）悠久的历史

阜新市名源于"物阜民丰，焕然一新"之意，1940年1月1日建市，位于辽宁省西北部，地处东北和环渤海地区的中心地带、辽西蒙东地区的地理中心。

阜新历史文化悠久。有少数年代归中原王朝直辖，多数年代是少数民族割据政权的管辖地，属边塞地区。西周和东周春秋时代，有山戎、东胡人活动于此。东周战国时代，燕长城横贯境内，燕长城以北仍属东胡，南部介于燕国辽西、辽东两郡之间。秦代，秦二世二年（公元前208年）匈奴大败东胡。西汉时，属于汉王朝的刺史部，仍为匈奴左地。汉武帝元狩四年（公元前119年）汉王朝打败匈奴后，属乌桓地。三国时，今阜新北部属鲜卑，南部属魏地。西晋时，泰始十年（274年）今阜新北部属鲜卑慕容部，南部、西南部属西晋平州昌黎郡。太康十年（289年）今阜新全境属慕容部管辖。东晋十六国时，今阜新先后为前燕、前秦、后燕、北燕等几个更替的割据政权占据。南北朝时，今阜新为契丹辖地。隋代，今阜新北部为契丹辖地，南部属隋王朝燕郡。唐代，今阜新北部属契丹辖地，南部属唐河北道北部的营州。贞观二十二年（648年），唐朝在契丹驻牧地区设置松漠都督府，今阜新北部为松漠都督府辖，南部仍属营州。辽代初期，今阜新属上京道。金代，今阜新南部小部分地区归东京路广宁府辖，今阜新市区、阜新蒙古族自治县北部、彰武县全境属懿州管辖。元代，今阜新北部一部分在中书省宁昌路辖境，南部为广宁府辖地，中间大部分地区属辽阳路。明代洪武年间，今阜新分属辽东都指挥使司和北平都指挥使司。明代正统、景泰年间，今阜新地区分别属泰宁卫和福余卫。清崇德二年（1637 年），今阜新蒙古族自治县境建土默特左旗，后隶属于卓索图盟。清顺治初年，清廷在今彰武县境地置官牧场，名杨柽木牧场，属盛京礼部。清康熙三十一年（1692 年）改名为养息牧场。清光绪二十八年（1902 年），在养息牧地区置彰武县。翌年，在土默特左旗境由朝阳县析置阜新县，实行县旗并存、蒙汉分治体制。民国初年仍延续清末建置。1933 年日本侵略者侵占阜新后，日伪当局于 1940 年 1 月 1 日由阜新县境划出新邱、长营子、米家窑、海州、孙家湾和今阜新镇等地置阜新市。同时，实行废县存旗体制，撤销阜新县。抗日战争胜利后，中国共产党领导的人民军队接管阜新市，于 1945 年 9 月 27 日成立阜新市政府。1946 年 1 月，国民党抢占阜新市区和阜新县、彰武县，成立国民党市、县政府。1948 年 3 月 18 日阜新全境解放。同年 4 月 18 日阜新市政府成立，属辽北省。1949 年 4 月 21 日，撤销辽北省建制，阜新划归辽西省。1954 年 6 月 19 日，撤销辽东、辽西两省建制，合并为辽宁省，阜新归属辽宁省。1959 年 1 月，彰武县、阜新蒙古族自治县划归阜新市领导。1960 年 5 月，义县清河门、老爷庙两个管理区划归阜新市郊区领导，成立清河门镇人民公社，1984 年 3 月阜新市设清河门区。

　　阜新因出土世界第一玉和华夏第一龙，被誉为"玉龙故乡，文明发端"。阜新是契丹族的摇篮、武当宗师张三丰的故里、藏传佛教的东方传播中心。[①]

　　（二）人口与资源

　　阜新总面积 10355 平方公里，其中城市规划面积 674 平方公里，建成区 76.5 平方公里。下辖两县五区、一个国家级高新技术产业开发区、两个省级产业园区，即阜新蒙古族自治县、彰武县和海州区、细河区、太平区、新邱区、清河门区及辽宁阜新高新技术产业开发区和氟化工、皮革两个省级产业园区。全市共有街道办事处 29 个、乡镇 65 个。全市常住人

---

① 阜新市政府门户网站，http://www.fuxin.gov.cn/fx/zjfx/fxgl/list.html。

口为 182 万人，现有 30 个民族，少数民族人口 29.8 万，其中蒙古族人口 22 万。

阜新资源十分丰富。现有耕地 780 万亩，农村人均占有耕地 6.7 亩，居全省第一位。阜新地面和地下资源丰富，其中，萤石、沸石、硅砂储量居全省第一位；玛瑙产量与销量占全国的一半，是全国玛瑙制品的集散地。地热资源蕴藏丰富，被誉为"实属罕见、中国一流、泉中极品"。[①]

（三）交通状况

阜新交通环境优越，与省会沈阳市直线距离 147.5 公里。往南经锦州可直下京、津；北上经通辽可到霍林河矿区；东达沈阳及辽东沿海城市；西至朝阳、内蒙古赤峰，是辽宁西部的交通要道。阜新全境呈矩形，中轴斜交于北纬 42° 10′ 和东经 122° 0′ 的交点上。阜新地区东西长 170 公里，南北宽 84 公里，总面积 10355 平方公里。全市高速公路总里程 304.4 公里，现有高速公路 5 条，即阜新至锦州、沈阳至彰武、阜新至铁岭、阜新至朝阳、阜新至盘锦。全市境内有国有铁路运营线 2 条，即新义线、郑大线。在建铁路有巴新铁路、京沈客运专线，规划建设的有巴新铁路复线、沈彰通客运专线。随着这些项目的建成，阜新将成为辽西蒙东地区的重要节点城市。[②]

（四）经济发展

阜新"因煤而立、因煤而兴"，是共和国最早建立起来的能源基地之一，曾经拥有亚洲最大的露天矿——海州露天矿和亚洲最大的发电厂——阜新发电厂，60 多年来，全市已累计生产煤炭 7 亿吨，发电 2000 多亿千瓦时，被称为"煤电之城"。进入新世纪，阜新迈上了经济转型之路，成为全国首个资源型城市经济转型试点市，辽宁省实施"突破辽西北战略"的重点地区、沈阳经济区的重要成员。经过十多年转型实践，阜新培育了煤化工、液压、氟化工、农产品加工、皮革、新型能源、铸造、板材家居、新型材料和玛瑙共十个重点产业集群，努力打造中国"煤化工之都""液压之都""氟化工之都""玛瑙之都"，加快构筑多元化产业格局。2017 年地区生产总值 417 亿元，一般公共预算收入 38.2 亿元，增长 6.5%；

① 阜新市政府门户网站，http://www.fuxin.gov.cn/fx/zjfx/fxgl/list.html.
② 阜新市政府门户网站，http://www.fuxin.gov.cn/fx/zjfx/fxgl/list.html.

固定资产投资 110 亿元，增长 23.6%；出口总额 15 亿元，增长 12%；城镇和农村常住居民人均可支配收入分别达到 25460 元、12520 元，分别增长 6.2%、6%。[①]

（五）社会与文化

阜新拥有悠久的历史和原始文明。早在 7600 年前人类就在这里生息繁衍，因出土"世界第一玉"和"华夏第一龙"被国内外考古学界称誉为"玉龙故乡"，坐落在境内的查海古人类遗址被誉为"中华第一村"。中国著名考古学家、已故的中国社会科学院考古研究所所长苏秉琦先生亲笔为查海文化遗址题词："玉龙故乡文明发端"。作为煤电之城，坐落着亚洲最大的露天煤矿海州矿，孕育出以海州矿为代表的矿山文化，以矿山工业文化为背景的电视连续剧《大矿山》已经拍摄完成，其续集正在创作中。海州露天矿等工业遗址吸引了《辛亥革命》剧组来阜拍摄。王树清入围全国 60 名书法名人。阜新旅游业得到了快速发展。2012 年，全市旅游总收入 101 亿元，同比增长 44%。建立了动漫产业研发基地，目前阜新市动漫产业研发生产机构已发展到 20 多家，与中央电视台联合制作了动画片《三字经外传》，目前已在央视播出，动画片《老小阿凡提》也完成了多集制作。阜新文化产业已形成了玛瑙之都、温泉禅修、敖包相会等一批文化品牌，玛瑙节、篮球节、敖包文化节的影响力在不断扩大。阜新蒙古族自治县蒙古贞历史悠久，"非遗"丰富多彩，而且包容量很大。主要包括：特色的口头传说、传统表演艺术、民俗活动、礼仪、节庆、传统手工艺等，具有独特性、地域性、民族性、宗教性、综合性、活态性等特点。到目前为止，阜新蒙古族自治县申报成功了国家级保护项目 3 项，省级保护项目 9 项，市级保护项目 16 项，形成了国家、省、市、县四级"非遗"保护名录项目体系。阜新蒙古族自治县"非遗"保护中心 2 项国家级非遗项目参加了上海世博会辽宁周的展演活动。[②]

---

① 阜新市政府门户网站，http://www.fuxin.gov.cn/fx/zjfx/fxgl/list.html.
② 王金瑛：《关于阜新文化产业战略定位的思考》，http://blog.sina.com.cn/s/blog_14c9d4f2c0102xhuk. html. 2015 年 11 月 12 日。

二、阜新玛瑙

（一）地质勘查

自上个世纪 70 年代起，阜新市政府与辽宁工程技术大学、辽宁省地质四队合作先后开展了三次阜新玛瑙资源调查工作，基本确定了阜新玛瑙资源主要分布于紫都台—七家子、老河土—十家子、后新秋—苇子沟地区，面积约 1860 平方公里。并向有关部门提交了《阜新地区火山岩系玛瑙成矿规律及找矿方向》《阜蒙县甄家窝堡—梅力板玛瑙矿点检查评价》《阜蒙县哈啦河—乌拉本玛瑙矿普查》，初步了解了阜新地区玛瑙资源分布以及产出的不同种类玛瑙，并按地质构造资料分析和成矿原因预测阜新地区远景资源储量在 200 万—500 万吨。

（二）矿业开发

阜新地区玛瑙开发与利用历史悠久，其上限可追溯至 8000 年以前。闻名于世的新石器早期原始人类聚落遗址查海遗址就出土近百件玉器，其中多件刮削器、镞、玦等均为玛瑙制品。据史料记载：清代时，阜新地区就有玛瑙原料商人，称为"火石客"，专门到民间收购玛瑙原石，再转到加工作坊进行精雕细刻。清初时，十家子地区群众采拾玛瑙已有一定规模，据《清实录》载：乾隆年间该地区"开挖窑洞十六，窑工千人，南麓设有商邑"。相传，清代宫廷所用玛瑙饰物及雕件其取材多出于此。

由于阜新玛瑙成因类型主要为原生分泌体状和断裂充填型脉状两大类。大多个体较小，找矿、开采难度大，单独开采很难获得大的经济价值，多为其他非金属矿产的重要伴生矿产资源进行开发，如彰武县后新秋—苇子沟地区玛瑙矿点就是与珍珠岩、高岭石、安山岩一同开采的。

目前，阜新地区的三个玛瑙矿点每年采拾玛瑙资源矿料约 300—500吨。2004 年年初，在七家子镇宝珠营子村矿点采出的一块高约 4.7 米、宽约 4.1 米、厚约 1.3 米、重约 66 吨的巨型玛瑙，被收入世界吉尼斯纪录，获得世界"玛瑙王"美誉。2004 年年底，又惊现长 27 米、高 4 米、厚 0.5米的"玛瑙长城"，已被当地政府进行了有效保护。"玛瑙王""玛瑙长城"的发现改变了玛瑙无大块的地质学说，为阜新玛瑙观光旅游及采矿地质勘查发挥着重要作用。

（三）种类及特点

阜新玛瑙以储量大、品种全、纹理美、质地优、料型奇而著称。其中，最著名的是产自老何土乡的"水草玛瑙"、十家子镇的"黄白玛瑙"、老河土乡的"黑红花玛瑙"、泡子镇的"紫玛瑙"、大四家子乡的"石包玛瑙"、七家子乡的"七彩玛瑙"和较为珍贵的"水胆玛瑙"等[①]。此外，还有和阜新毗邻的北票地区的战国红玛瑙。

1. 阜新水草玛瑙

辽宁阜新水草玛瑙中的绿色水草状物体为绿鳞石——二八面体层状硅酸盐，红–黄物质为针铁矿、赤铁矿及二者的混合相。基质二氧化硅除了 α–石英（显晶质粒状、粒状、纤维状）外，还存在 moganite 及 opal-CT。斜硅石（moganite）以拉曼光谱中的 $502cm-1$ 特征峰为表征；opal-CT 为类晶质的含水二氧化硅，是互层的 α–方石英、α–鳞石英单元无序的堆叠，XRD 以 4.05—4.12Å 附近的宽而稍弱的峰，及 d=4.32Å、d=2.50Å 附近吸收峰为特征。针铁矿、赤铁矿是使水草玛瑙呈红–黄色的原因，针铁矿可以脱水成赤铁矿从而使颜色变深。

绿鳞石与二氧化硅多呈环带状分布，前者的形态主要为针状、鳞片状、球粒状集合体。二氧化硅在正交偏光显微镜下呈纤维状、细粒状及显晶粒状结构，SEM 下主要呈纤维状、菱面体外观及球状体结构，前两者交替生长形成了肉眼可见的条带现象。纤维状二氧化硅可以近平行排列，也可呈层层堆叠的同心圆环状，揭示玛瑙的层状生长。球状体结构的二氧化硅为大量二氧化硅小球相互堆叠而成。红–黄色球状体为包裹二氧化硅球体的针状针铁矿、赤铁矿所致。

氢氧同位素分析表明玛瑙的形成过程中主要以大气降水为主，同时利用氧同位素地质温度计计算其形成温度（以不同水的来源），发现形成温度均低于250℃。水草玛瑙的形成为一个多期次复杂的过程，包含后期或前期的岩浆岩蚀变或岩浆主岩的风化作用。成矿分为以下几个阶段：第一个阶段是在氧化环境，热液对高镁、钾的安山岩进行蚀变形成绿鳞石及褐色二氧化硅；第二个阶段，后期的含二氧化硅的流体在气孔壁或者早期的

----

① 参考了蒋克等人撰写的材料。

绿鳞石边缘形成玉髓或者类晶质二氧化硅（opal–CT），甚至穿插早期形成绿鳞石、二氧化硅；第三个阶段，随着压力的释放，流体形成晶粒稍粗的纤维状二氧化硅；第四个阶段，流体形成细粒石英；第五个阶段，硅质流体在平稳的环境下形成中心显晶质石英芯，或后期低浓度流体沉淀结晶所致。

市场上的绿色印度水草玛瑙的绿色水草状物质往往呈丝脉，少见红－黄水草，且透明度较高。与阜新水草玛瑙相比，印度水草玛瑙中的绿色水草也为绿鳞石，化学成分二者相近，但绿鳞石外层往往不含有褐色二氧化硅，且常常可见水草中心含有褐铁矿。印度与阜新的水草玛瑙中二氧化硅的结构较为一致。

水草玛瑙，顾名思义即为一种具苔藓状、树枝状杂质的玛瑙，"草"的颜色丰富多彩，绿色、红色、黄色或黑色，这些不同颜色的"草"之间组合成富有韵味、独一无二的图案，加之与玛瑙天然纹理交相成趣，令人心驰神往。

目前水草玛瑙尚未有明确的分级标准，一般来说其价值的高度主要取决于以下几个方面：

"水草"的花纹和图案。水草玛瑙以"草"著称，"水草"的花纹和颜色是评价其价值的最重要因素。一般来讲，水草越清晰完整，组成的图案富有美感，则价值较高。

"水草"的颜色。一般来讲，水草的颜色主要有红、黄、绿、黑四色，色调会略有变化。通常而言，红－黄"水草"的颜色要纯正、鲜艳、明快，绿色"水草"则要求颜色绿而不暗，黑色调"水草"则往往价值偏低。当几种颜色同时出现时，也要考虑不同颜色之间的协调性。

透明度。玛瑙一般透明度较高，而水草玛瑙由于内部含有"草"影响其透明度。水草玛瑙中以玛瑙底色通透者，少石英芯及其他"棉絮"者为佳。

加工工艺。加工水草玛瑙时，往往表面易出现凹坑，因此表面光滑完美的水草玛瑙为佳。水草玛瑙有时含有多种颜色"水草"，因此利用俏色或图案突出水草的特性，体现其美感的作品为佳。

块度。水草玛瑙的块度越大则价值越高。①

2. 战国红玛瑙

战国红玛瑙是近年来辽宁阜新与朝阳交界北票地区出产的一种玛瑙。战国红玛瑙的颜色有红色、黄色、白色，多呈条带或纹带状相间分布，偶见紫色、黑色条带。好的战国红玛瑙其红色纯正厚重，类似鸡血石；其黄色凝重温润类似田黄；其白色飘逸如带。红编和黄编集于一石或全为黄编者较为珍贵，带白编的更少见。部分战国红玛瑙含水晶晶体。战国红玛瑙从 2008 年开始被大量采挖并进入市场，当时人们叫这种石头为彩石、五彩玛瑙，后来因其形、色、质、纹与出土的战国时代的红编玛瑙相似，被称为战国红玛瑙。战国红玛瑙是一种隐晶质石英质玉石，主要以不规则块状、脉状等形态产于具明显流纹状构造的流纹岩内，也可产出于具斑状的围岩中；其特征为红黄、红白相间的条带状，玻璃光泽，微透明一半透明，折射率与相对密度均与其他石英质玉石相似，无特征光谱，紫外荧光惰性。而红色在中国传统文化中寓意喜庆吉祥，黄色更是历朝历代皇权贵族的颜色，"战国红"这个名字，大气响亮、内涵丰厚、贴切达意、凝练精到，为浓艳美丽的战国红玛瑙更添了文化内涵的价值。

随着战国红玛瑙的名气逐年提高，喜欢战国红玛瑙的人越来越多，但战国红现在没有相对专业的质量评价体系，而且由于战国红玛瑙矿产量较小，市场上出现了一些其他产地的玛瑙也被商家称为战国红，但其整体质量不如辽宁北票产出的战国红玛瑙，但价格却也随之水涨船高。战国红玛瑙目前主要在阜新的工厂加工，加工工艺比较随意，由于战国红花纹繁复、形状多变使得现在市场上以珠子和简单的琢型较多，小的雕件、挂件和手把件较为粗糙、简单。工艺细腻、附加值较高的作品较少见，影响了战国红玛瑙的收藏价值。战国红玛瑙目前没有统一的质量标准，目前主要从颜色、花纹图案、质地、块度、加工工艺这五个方面进行评价，其中颜色和条带质量最为重要。由于辽宁的战国红玛瑙已经暂停开采，市场上出现了多种外观相似的玛瑙，但这种玛瑙多为玄武岩中产出的球体，条带层次不清，颜色较为混杂，并含有大量水草花纹，与辽宁产的战国红玛瑙有

---

① 张雪梅：《辽宁阜新水草玛瑙的宝石矿物学特征及成因初探》，中国地质大学硕士学位论文，2015 年。

比较明显的区别。

三、阜新玛瑙工艺

从 8000 年前到今日，玛瑙加工工艺经历了一次历史的长途跋涉。玛瑙，在几千年前是人类制作工具的原料。我们的祖先将其打制成刮削器、箭头、斧头等生产及生活工具，随后出现了相对精细，并且有钻孔、磨环的玛瑙器具、法器、礼器，而后又出现了小件的装饰用品、娱乐用品等，如簪子、管珠、棋子、烟壶等，最终衍生出林林总总的各式玛瑙摆件。

"玉不琢不成器"，这句古话同样也适用于玛瑙，但玛瑙与一般玉石的加工方法有所不同。由于玛瑙自身的颜色多、料型奇、纹理美、无大料等特点决定了一块天然原生玛瑙石料能否变成一件造型新颖、工艺精美、独一无二的作品。阜新玛瑙雕工艺流派独具特色，地域特征明显，在中国玉雕文化中独树一帜。玛瑙作品制作主要分为选料、剥皮、设计、粗雕、细雕、修整、抛光和装潢共八道工序。

（一）选料

选料即相玛瑙，又称"入眼"就是"按意取料"。目的是正确合理用料，以达到料尽其美。因玛瑙原料珍贵，品质优良的料往往来之不易，创作人要根据玛瑙原料的外形和意境具体情况去设计创意题材、造型，才能使其作品回味无穷。

（二）剥皮

剥皮也称"解料"，因玛瑙原石都是独立成块的，无论"山料""水料"都有外皮及脏、绺，需去皮、去脏、切开后进行审料，以便视其质地、颜色、光泽、硬度、透度、块度、形状来合理把握后再进行初步创作。

（三）设计

构思设计是创作玛瑙作品的关键。贯穿整个制作过程，是创作者"意""绘"的完整表现。一般分勾样、绘图、粗绘、细绘等工序，勾样后进行砍坯，粗绘是制作前观察其颜色，视其纹理把造型和纹样绘在清水润湿的玛瑙上。细绘是做出大样后，把局部细致地绘制在坯上。在制作过程中如出现料质变化，要随时修改设计，客观地说，"设计"环节是玛瑙加工的魂，也最能体现加工者的"匠心"。

（四）粗雕

粗雕也称为做坯，多采用铡砣或錾砣切割，就是按照设计要求雕琢出基本造型，具体技法是"见面留棱""以方易圆""留料备漏""先浅后深""颈短臂高"等，这道工序是整个作品创作的基础，雕琢与雕塑不同，开弓没有回头箭，所以雕琢前必须慎重。

（五）细雕

细雕，顾名思义就是仔细雕琢之意。细雕则需要使用轧砣、钩砣、膛砣和各种形状的磨棒等磨削工具。目的就是对作品进一步精雕细琢，使作品逼真、生动、形象。

（六）修饰

主要是对纹饰、边、角等进行重点加工，如对人物的眉毛、头发、衣物褶纹等进行完美地修饰，起到画龙点睛之功效。

（七）抛光

抛光就是一种精磨的过程，需用抛光工具配以精细均匀的抛光粉将雕件表面的刻痕磨掉，使作品表面光洁锃亮。再用溶液把作品上的污垢清洗掉，最后是上蜡，以增加作品的光泽。

（八）装潢

作品完成后要恰当地装潢，配座、配架、配盒（匣），既可保护作品，还可以抬高作品的身价。装潢多采用木制材质，根据作品需要有时也用石材和金属材质制作，无论什么材质，其形状、高矮、厚薄和造型均要以原作品为依据，使两者相辅相成、浑然一体。

阜新玛瑙雕刻有"素活"和"雅活"之分，前者古朴，后者华丽。玛瑙"素活"是玛瑙雕刻中的一个术语，是由古代玉雕艺人根据商、周、春秋、战国时期的青铜器及有关器皿的造型演变形成的雕刻方式。"素活"反映的是中国传统的造型艺术，即镂刻雕花的玛瑙作品，如花薰、鼎、钵、盏、尊、瓶等。"素活"难度极高，是对中国玉雕艺术的继承，典型的工艺技术有"打钻掏膛""取链活环""肩耳制作""透雕活球""装饰雕刻"等，是一种巧夺天工的绝技。

玛瑙雕刻的"雅活"，主要用玛瑙雕刻成的人物、花卉、动物等为代表，可用"巧、俏、绝"三个字高度概括。"巧"就是巧夺天工，"俏"是指把料质上的天然色泽运用得非常妙，突出色差为俏，"绝"是指绝品，空前绝后，传世绝品。以"雅活"为代表的阜新玛瑙雕刻艺术是对中国玉雕艺术的发展和创新，它代表了中国当代玛瑙雕刻艺术的一流水平。

由于雅、素作品表现形式不同，所以各自的用料、雕琢技巧也不同。"素活"用料注重"套料取材""余料绝用""借料活用"。例如，制作一件"花薰"，首先讲究是否一块料的"套活"，即大小套用，还得是在不伤害主题形象、造型的情况下，从主题作品上取出可以用的料，做成活环链条装饰附件，并与主体相连；"雅活"用料注重："次料优用""挤活用料""小料大作""去料不亏""巧色巧用"。雅活创意性极强，是作品的灵魂，也是作品独立性、唯一性的所在。由于阜新玛瑙来源广，品种丰富，阜新玛瑙雕更加注重"巧""俏"二字的运用，概括来说可称为"巧型艺术""俏色技法"，具体归纳起来大体有：按意选料、因材施艺、用料技巧、解料技巧、画活技巧、琢磨技巧、抛光技巧、用具技巧、装饰技巧等内容。一件精美的玛瑙作品制作最核心的环节在设计和雕工上，两者缺一不可。

四、玛瑙加工常用设备

（一）常用设备

1. 台式切割机（又称"开料机"）

分为"水锯"和"油锯"两种，玛瑙质地坚硬，过热容易炸裂，所以，切割大块原料主要使用油锯。台式切割机是以大型电机带动大型精钢切割片转动产生切割效果，以水或油用作冷却剂，上方罩铁防止冷却剂外泄。

2. 雕刻机

电子雕刻机。精度高、转速平稳，但力度与耐冲击力低，所以主要用于精细雕刻、磨光与勾线之用。

万能雕刻机（俗称"横机"）。是由电机通过机头带动切割片旋转产生切割作用。主要用于去皮、小料切割、粗坯切形、小形玛瑙件抛光等。南方也使用这种机器进行细节雕刻，但因玛瑙坚硬与较脆的特性，较少用于细雕。

三维立体数控雕刻机。是将计算机技术与激光技术和机械加工技术融合的设备。如今，这种雕刻机可以在电脑上制图，应用范围非常广泛，甚至替代了一些传统的手工雕刻技术，为产品的大批量快速生产创造了条件。

超声波雕刻。它主要运用超声波加工的原理，利用做好的雕刻模具来对玛瑙进行成型加工，可一机多用，可以雕刻、打孔、清洗一次成品，由超声波雕刻机所加工成的制品不仅线条优美，而且规范标准，所以，适合单一题材的批量生产。

3.吊磨机（又称"吊机"）

是雕刻玛瑙的主要设备，它是由电机带动软轴使前端手柄高度转动，再配合不同形状磨头进行细节雕刻。吊磨机也是抛光的主要设备，在手柄前端换上各种型号砂纸与冷光粉进行依次抛光。

4.震动研磨机（又称"抛光机""震桶"）

是小件玛瑙抛光的主要设备，它是由电机带动上方圆桶产生震动，桶内混装碎玛瑙、金刚砂和陶瓷三角料，通过不断摩擦玛瑙作品而产生抛光效果。

5.钻孔机

主要由钻动轴、钻头夹具、钻杆、钻杆升降操作器、电动机、载石台、圆珠坯等部分构成，多用于圆珠的钻眼和手镯制作。

6.角磨机

主要用于大块原料去皮、雕刻粗坯、大面抛光等。

7.震盘式磨玉机

主要由电动机、皮带、橡胶圆盘等构成，用做加工各类手串的圆球产品。

（二）专用工具

1.雕刻工具

旋转使用的铁铊，带动不断加入的金刚砂浆的各种圆形雕琢工具。

人造金刚石工具。形状、规格、功能与铁铊相同，仅是在主要工作面上镀上一层钻石粉。主要工具有切割类、轧磨类、擦磨类、钻孔类等几大类，常用工具有铡铊、钉铊、勾铊、圆球、圆棒、钻孔针、尖针等。

47

2.抛光工具

分手抛和机抛，主要由胶铊、木铊、皮铊、毡铊、布铊、刷铊等组成，配以不同的抛光材料进行抛光，如砂胶、砂纸、钻石粉、钻石油等。手工抛光工具有钻石粉磨条，主要用于产品细节部分的抛光。

（三）常用辅料

1.磨料

能对各种玉石材料起磨削作用的粉状材料。分天然材料和人工材料两大类别。需要根据不同玉料的硬度、韧性、脆性、耐磨、导热等性能选择适宜的磨料。

2.抛光粉及抛光辅料

抛光粉由矿物组成、粒度大小等多种，不同类别的抛光粉不能混用。抛光辅料主要用于震桶式抛光机使用，一般由钻石粉和陶瓷质三角磨料、竹粒、核桃粒按比例搭配进行抛光。

3.冷却液

常用种类有水、油、皂化液。用于各类雕刻工具使用时降温、去尘。

4.粘结材料

常用的有石蜡、虫胶、松香、黑火漆、火漆胶、红胶、502胶等。

五、玛瑙制品

阜新市的玛瑙制品可分为玛瑙工艺品、佩戴饰品、医药用品、保健用品、旅游纪念品、装饰材料、工业用品七大类。

（一）玛瑙工艺品

因为玛瑙颜色丰富，纹带美丽，质地细腻光亮等特性，更适合制作工艺品，主要有人物类、花鸟类、动物类、器皿类等。这些精美的玛瑙艺术品摆件，多次荣获中国珠宝玉石首饰行业协会举办的"天工奖"金、银、铜奖。玛瑙还可制作成各种规格、成色不同的围棋、象棋、图章等工艺礼品。

（二）玛瑙佩戴饰品

玛瑙自古就是爱美之人的装饰品，玛瑙手镯、项链、耳环、吊坠、戒指、玛瑙腰带、玛瑙钮扣、玛瑙领带扣等饰品多达数百种款式。夏天佩戴玛瑙饰品凉爽宜人，有益健康。

（三）玛瑙医药用品

明人李时珍的《本草纲目》就记载了玛瑙的疗效："气味辛寒无毒，主治辟恶，熨目赤烂，主目生障翳，为末日点。"玛瑙还可制作成医药用的玛瑙研体、玛瑙罐等器具。

（四）玛瑙保健品

玛瑙含有铁、锰、锌、铜等许多微量元素，是最具有神奇疗效的宝玉石之一，长期使用、佩戴可以消除精神紧张和缓解精神压力，达到保持身体和心理的和谐的效果。因此，玛瑙球、玛瑙刮痧板、美容棒、玛瑙枕等玛瑙制品也成为生活所需的日用品。用玛瑙制的美容用具能缓解神经紧张，改善睡眠，调节内分泌，增强机体免疫力等。

（五）玛瑙旅游纪念品

随着我国旅游业的蓬勃发展，玛瑙制作的旅游纪念品也十分受人欢迎，它品种繁多，题材广泛，价格适中，如用玛瑙制成的佛像、生肖、人名、地名等各类挂件、把玩件，深受人们的欢迎。

（六）玛瑙装饰材料

因为玛瑙具有颜色美丽、性质稳定、坚固耐用等特点，所以，人们已广泛将其作为装饰材料，如玛瑙马赛克、汽车配饰、酒店装饰、家具装饰、桑拿浴房的装饰等。

（七）玛瑙工业用品

玛瑙在工业上也用途广泛，因为玛瑙具有化学性质稳定、耐腐蚀、硬度大、韧性好等特点。所以，在工业上可制作特种仪表、轴承、衬板、衬砖、研磨工具、工业用玛瑙球、玛瑙轴承等制品。

第二节
阜新玛瑙产业发展历程

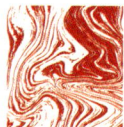

阜新盛产玛瑙，生活在这里的古代先民很早就开始加工和利用玛瑙，并形成了悠久的玉石文化。考古资料表明，8000年前阜新地区的查海先民已经将随处可见的玛瑙加工成细石器使用，辽代时，契丹贵族拥有的玛瑙饰品、华贵用具也多出于此；清代，这里更成为宫廷玛瑙制品的主要来源地。

一、原始社会玛瑙的加工利用

由于一些玛瑙埋层浅、色彩艳丽、硬度大，所以，原始人类很早就开始加工和使用玛瑙。据考古发现，早在旧石器时代，生活在中国的古人类已懂得将玛瑙、水晶、燧石等打制成细石器等生产工具，距今20万年的湖北省丹江口市罗店乡旧石器时代遗址出土了大量打制的玛瑙刮削器，稍晚的辽宁凌海沈家台、海城小孤山、营口金牛山遗址同样也出土了玛瑙刮削器等细石器。弓箭是早期人类的伟大发明，玛瑙箭镞的出现大大提高了狩猎效率。另外，玛瑙石球（或称敲砸器）在旧石器时代也较为常见，此类石球可以作为远程武器攻击猎物，也可用作打制工具来敲砸坚果等。

天然玛瑙分布广泛，我国东北、内蒙古及新疆一带的新石器时代遗址中都发现有由玛瑙制成的石镞、石核、刮削器等工具。阜新查海遗址是一处距今8000年的新石器时代早期人类聚落遗址，遗址中出土了大批玉质文物，有玉匕、玉玦、玉管、玉凿、玉斧等。从功能上分，既有佩饰品，如玦、匕、管；又有工具类，如凿、斧。这些玉器磨制精细，均光素无纹饰，另外，遗址中还发现有尖状器、镞、刮削器等大量玛瑙工具。查海玉器经专家鉴定是"真玉器"（"真玉"一般指透闪石或阳起石软玉），是中国最早的玉器。查海人被称为中国最早的治玉人，同时，他们也是较早制作和使用玛瑙工具的人，不同的是查海玉器均经过精工磨制，而玛瑙制品多为打制。专家认为查海人已经有能力将玉石与玛瑙等各种石材区分开来。已故考古学"泰斗"苏秉琦先生说"没有社会分工生产不出玉器，没有社会分工也不需要玉器"，专业治玉人的出现才使大量玉器的生产成为可能，使用玉是指玉的功能。苏秉琦先生指出：查海玉器除装饰、工具等功能外，已经附加社会意识，"成为统治者和社会上层德的象征"。新石器时代晚期的红山文化、良渚文化创造了举世瞩目的玉文化，玉器开始更多地被用作礼器使用，作为古人敬天礼地、通神祭祖的媒介，被赋予了"神"权。整个新石器时代，玛瑙礼器都较为少见。目前，阜新地区已发现有玛瑙制成的玦，型制与玉玦无异，其意义尤其重大。纵观新石器时代，可以说，玛瑙与玉除佩饰品、生产工具等实用功能以外，已经被人类赋予了原始宗教载体的特殊功能。

二、阜新地区玛瑙加工的古代历史

在我国古代，"玛瑙"名称众多。晋书《拾遗记》载："马脑者，恶鬼之血凝成此物。昔皇帝除蚩尤及四方群凶并诸妖魅，填川满谷，积血成渊，血凝如石。"《尔雅·释地》载："东方之美者，有医巫闾之珣、玗、琪焉。""珣""玗""琪"皆为玛瑙之一种。古代也称红色系玛瑙为"赤玉""赤珠""赤琼"等。佛教传入我国后，将玛瑙、珍珠、珊瑚、琥珀、砗磲、水晶和松石等宝物并称为佛家"七宝"，"玛瑙"的名称才逐渐确定下来。

青铜时代，中华玉文化被赋予了新内涵，"以玉载礼"观念逐渐成熟，形成了以王权为核心、等级森严的玉礼制度形成。这一时期遗存的考古发掘中发现了数量惊人的玉制品。此时也是玛瑙文化的发展期，玛瑙制品的颜色丰富起来，白色、朱红、橘红、橘黄、浅绿及浅紫色等玛瑙制品在考古活动中多有发现，这时的玛瑙制品主要作为玉制品的配饰出现，另外也有一些小动物类雕件，如蚕形饰、鱼形饰等，其中"赤玉"即红色系玛瑙尤显尊贵。研究表明，我国南方的"赤玉"产地在云南保山，保山玛瑙也称"南红玛瑙"，距今 3000 年的成都古金沙国制造出了目前年代最早的一件南红玛瑙制品——南红贝币。目前来看，青铜时代的阜新玛瑙制品相对较少，品种也较为单一，除珠串以外，最多的玛瑙制品是玦。这时的玦与新石器时代的制品相比，打磨更为精细，器身较窄，截面呈三角形，器型尤为规整，体现出制作工艺的提高。

战国至汉魏时期，对玛瑙的加工和利用进入一个新阶段。此时，玛瑙制品品种逐渐丰富，出现了包金玛瑙、镶嵌玛瑙、蚀花玛瑙等新品种。古滇国与南红玛瑙产地非常接近，是为数众多的南红玛瑙使用群体之一。这里，玛瑙常被制作成各种各样的素管，有的还施以源于印度河谷的蚀花技艺，只有身份高贵的人（如巫师、贵族等）才有资格使用玛瑙。2011 年辽宁葫芦岛市建昌东大杖子战国墓地发掘出土了玛瑙环及其他玛瑙文物。这批玛瑙文物颜色朱红，伴有缠丝状纹理。经专家鉴定，这批玛瑙文物的产地就在今辽宁朝阳北票地区，在宝石学上被定义为红缟玛瑙。因这批出土的文物属战国时代，现代民间将这种玛瑙称为战国红。此料先秦时期也被称为"赤玉"，《后汉书》中记载"挹娄，古肃慎、扶余出赤玉""挹娄""肃慎""扶余"均为曾生活在东北地区的古族名。战国红玛瑙器物主要发现于我国北方地区，多用于玉璜组玉佩、佩剑剑饰、玉质发饰、珠串、环佩等。阜新地区同时期的玛瑙器物除以上品种以外，由阜新本地产玛瑙制成的璧、环等器物也有少量出土。这时期的玛瑙制品在形制上逐渐摆脱西周时期严格的宗法礼制的约束，使用范围更加广泛。

盛唐国运昌隆，社会经济空前繁荣，玛瑙的制作水平大幅提高，玛瑙制品更显精美考究。此时，作为佛家七宝之一的玛瑙，被人们赋予了更加丰富的文化内涵，逐渐发展成独立的艺术体系。唐代玛瑙艺术吸收了西域文化元素，展现出异域文化之美。最为著名的唐代玛瑙器物是 1970 年陕西省西安市何家村窖藏出土的兽首来通杯。此杯长 15.5 厘米、高 6.5 厘米、口径 5.9 厘米。工匠巧妙利用玛瑙的天然纹理，采用圆雕工艺，牛口为流，牛脖颈部为口，此杯集白、黄、红、黑色于一器，色彩瑰丽，缠丝色带极富流动感，充分体现出玛瑙的独特美感。来通杯造型来源于西域，此杯也是东西方文化交流的产物。

　　唐人有使用玉质杯、碗的习惯，宋辽时期玛瑙碗尤其多见，器型与同时期瓷碗相同。1950年，辽宁省阜新市清河门地区一座辽墓出土一件六瓣葵口碗，1967年，阜新蒙古族自治县红帽子乡辽塔地宫出土一对玛瑙杯，1999年，彰武县苇子沟乡朝阳沟辽墓又出土有一件赭红色缠丝玛瑙碗。因契丹人擅制马具，阜新蒙古族自治县海力板等多地均出土有制作精良的玛瑙马具。契丹人有驯养海东青鹘的旧俗，"臂韝"是驯鹘的专用器具，其中，金、银"臂韝"数量较多，阜新发现的一件白玛瑙臂韝显得弥足珍贵。

　　继唐遗风，辽代贵族喜系蹀躞带，蹀躞带常以玉、玛瑙等物装饰于腰带表面，蹀躞带饰由带銙与铊尾组成，阜新地区出土大量玛瑙带饰，充分反映出辽代工匠的精湛技艺。辽人喜欢围棋、双陆棋游戏，玛瑙棋子在辽墓中多有出土。1968年，朝阳出土一套玛瑙围棋子，黑白两色棋子共186枚。1993年阜新蒙古族自治县蜘蛛山乡罗匠沟辽墓也有玛瑙围棋子出土。受佛教文化影响，辽人喜佩项饰。通辽吐尔基山辽墓出土一件华丽的玛瑙璎珞，玛瑙呈红黄两色，显系北票战国红玛瑙加工而成。综上所述，仅阜新及周围地区就出土了数量如此之多的辽代玛瑙文物，辽代阜新州城林立，人口稠密，这里一定有制作和加工玛瑙的作坊与工匠。这些玛瑙器物多器型规整、琢磨精细，表现出极高的艺术水平，也反映出当时社会文化和风土民俗。

　　明清之际，玛瑙制品已经不再是达官贵人独享的奢侈品。由于技术的不断进步与技艺的积累，到清代时，玛瑙艺术发展到巅峰。明代玛瑙制品中以1979年江西省明益宣王墓出土的七梁冠饰最为精美。清代盛行藏传佛教，藏族群众喜欢佩戴红色珊瑚，由于当时藏地珊瑚资源稀缺，因此红润光亮的玛瑙成为其最好的替代品。公元1636年，皇太极改国号"大金"为"大清"，官员实行等级制，玛瑙成为清廷官员品级的标志性配饰。雍正元年（1723年），玛瑙走入清廷生活，记载其品种的名字叫作"红白玛瑙"（《清宫内务府造办处档案总汇1》，人民出版社，2005年）。另有史料记载：乾隆十六年（1751年）十一月二十五日是乾隆帝生母孝圣皇太后的六十大寿庆典，乾隆帝在庆典前连续五天，每天向皇太后恭进寿礼九九八十一件，即每日献九类，每类九件，五天总计405件。其中玛瑙器物一类九件，这九件玛瑙工艺品是：花觚 1 件、花瓶 1 件、花插 6 件、花樽 1 件。清代史料中关于玛瑙的记录颇丰，不一而足。《清实录》记载阜新七家子与十家子等地均是清宫玛瑙制品来源地。清中期时，仅今十家子镇甄家洼子屯一处就"开挖窑洞十六，窑工千人，南麓设有商邑"，形成了当时规模较大的一处玛瑙市场，管斑窥豹，可知当时阜新玛瑙生产的盛况。阜新地区传世的清代玛瑙器物琳琅满目，最常见的是扳指、朝珠、帽顶、佛珠、挂坠、翎管、鼻烟壶等，其中以鼻烟壶品种最为丰富，数量尤多，或素面无工或借色巧雕，匠心独运、巧夺天工。阜新传世的玛瑙佛珠或朝珠也都精美异常，殊为珍罕。

阜新民间关于玛瑙的传说很多，流传最广的是活佛献宝的故事。相传，乾隆三十五年（1770 年）乾隆六十大寿，阜新蒙古族自治县七家子乡宝柱营子村一王姓老汉偶得一块椭圆形的玛瑙石，老汉知石之宝贵，遂将其献于土默特左旗的蒙古王爷。蒙古王爷如获至宝，请瑞应寺活佛前来观宝。活佛见多识广，见石已宝光外露，遂建议将这块原石雕刻成朝珠献于皇帝。朝珠既成，灿若云霞，光彩夺目。次年，借觐见乾隆皇帝的机会，活佛即将此宝贝朝珠献与乾隆皇帝。乾隆帝龙心大悦，亲赐宝柱营子村为"宝珠营子"村，并亲书村名作为赏赐，这里也成为遐迩闻名的"玛瑙之乡"。

三、近现代的阜新玛瑙加工

民国时期，因停止玉贡，阜新地区的玛瑙生产受到一定影响。民国初期的社会流行复古风，玛瑙工匠开始大量加工仿古器，另外佩饰品如扳指、佛珠、鼻烟壶等一如继往的是主流产品。"九一八"以后，百业凋敝，玛瑙加工业直线衰落。

中华人民共和国成立初期，阜新玛瑙产业再次复兴。十九世纪五十年代将"十家子火石收购站"改建成了"十家子玛瑙玉器社"。十九世纪六十年代，"十家子玛瑙玉器厂"又更名为"阜新蒙古族自治县玛瑙玉器社"，1964 年搬迁至市区更名为"阜新市玛瑙玉器厂"，主要为北京玉器厂配套加工，产品主要用于出口。1974 年，根据周恩来总理指示，用阜新玛瑙料雕成的玛瑙作品《水帘洞》被收藏在中国国家博物馆。

　　改革开放以后，阜新玛瑙玉器厂转制，大批职工下海经商，自主经营，民营玛瑙加工作坊开始遍布城乡，有人这样形容当时的玛瑙加工为"村村点火，户户冒烟，人人加工玛瑙"。当时阜新玛瑙主要产品以项链为主，产品开始销往全国各地。

　　2002 年，阜新被国家确定为"全国资源枯竭型城市转型试点市"，阜新市委、市政府将玛瑙加工业列为阜新转型振兴的特色产业之一，掀开了阜新玛瑙产业快速发展的新篇章。自 2005 年起，辽宁省珠宝玉石首饰行业协会、中国珠宝玉石首饰行业协会每两年在阜新举办一次中国·阜新玛瑙节暨中国阜新玛瑙博览会，同时举办"玉块杯"辽宁省玉石雕大赛、"红玛瑙杯"全国玉石雕大赛，以此提高业界玛瑙雕刻水平，推动玛瑙产业发展。2006 年 5 月，"阜新玛瑙雕"经国务院批准列入第一批国家级非物质文化遗产名录项目。2006 年 11 月，阜新市被国土资源部珠宝首饰管理中心、中国珠宝玉石首饰行业协会授予首批"中国珠宝玉石特色产业基地"。2007 年 6 月，李洪斌被列入第一批国家级非物质文化遗产项目 226 名代表性传承人名单，阜新市先后在市区和阜新蒙古族自治县十家子镇建设起两个玛瑙城。2013 年 9 月，阜新被中国工艺美术协会授予"中国玛瑙之都"称号。2013 年，阜新红山玛瑙宝石城获首批"省级文化产业示范基地"称号。阜新十家子玛瑙集群工业园获首批"省级文化产业试验园区"称号。"十二五"期间，阜新市玛瑙产业每年以 30% 速度增长。[1]

　　到 2016 年，阜新全市有各类玛瑙加工业户 5000 多户，直接从业人员超过 6 万人，带动各类就业人员超过 10 万人，年产值 26 亿元（2015 年数据）。[2] 基本形成"一区两地"的产业发展格局，即阜新蒙古族自治县十家子镇的玛瑙产业集聚区、太平区玛瑙精品展示基地、细河区玛瑙雕刻艺术传承创作基地。

① 毕玉才：《"不上色"的美丽产业》，http://www.xinhuanet.com/politics/2016-05/08/c_128966717. htm. 2016 年 5 月 8 日。
② 毕玉才：《"不上色"的美丽产业》，http://www.xinhuanet.com/politics/2016-05/08/c_128966717. htm. 2016 年 5 月 8 日。

第三节
阜新玛瑙产业发展现状

阜新是中国最大的玛瑙原料产地和加工基地，玛瑙资源储量占全国总量的一半以上，"中国玛瑙之都"的美誉家喻户晓。中国各旅游景区和工艺品店的玛瑙制品约有90%出自阜新。经过多年开发，阜新市的玛瑙产业产值已连续7年实现30%的增长，经过十年的探索和调整，玛瑙产业已成为该市重点发展的十大接续产业之一。① 玛瑙产品已形成工艺品、饰品、旅游纪念品、体育用品、保健品、装修材料和工业用品等多个系列数千种款式。

一、玛瑙文化

阜新是中国玛瑙文化的发源地，无论是8000年前查海遗址出土的古玉，还是元明清时期玛瑙雕刻的精湛技艺，都在中国玉文化史上留下辉煌的印迹。②

阜新是蒙古族群众聚居区，蒙古族文化传统对这里的影响巨大，蒙古族群众信奉藏传佛教，故而佛教习俗得以很好保留。蒙古族群众喜佩玛瑙制品，尤以红玛瑙最受欢迎。清代，王公贝勒、八旗子弟多有戴扳指的习惯，阜新的满、蒙族富户都有佩戴玛瑙扳指的习惯。阜新民间视玛瑙为

---

① 东北新闻网：《全国网媒辽宁行走进"中国玛瑙之都"阜新市》，www.nen.com.cn. 2014年9月26日。

② 刘洪超：《阜新荣获"世界玛瑙之都"称号》，http://ln.people.com.cn/n2/2016/0908/c340418-28972926.html. 2016年9月8日。

"吉祥之石""幸运之石",是可以与神灵沟通的奇异之石,佩戴玛瑙能够驱邪避灾,带来好运。时至今日,人们仍有佩戴玛瑙的习惯。

玛瑙资源呈"脉状"分布,最常见的是个体不大、呈核状的小块玛瑙石。因而采玛瑙很多时候要靠运气。早年采玛瑙也叫"憋宝",采宝人须带足水、粮、采挖工具、照明设备,并要虔诚祷告,默念咒语,才可进行采石活动。更有虔诚者,采挖前要先准备贡品。另外不能说"挖"要说"请"。

阜新蒙古族自治县紫都台镇南沟村一丘陵地带的半山腰处,是一片方圆近千平方米的矿场。矿场周围环绕着一道墙状的玛瑙矿石,从外观上看,颇似一道石墙,人们称其为玛瑙长城。据估算,玛瑙长城可能重达90吨以上。

2003年秋,阜新蒙古族自治县七家子镇宝珠营子村一村民发现了一块体量巨大的灰白色玛瑙原石。此事在业内迅速传播,经媒体报道后,引起市政府以及阜新市民的高度关注。2004年5月8日,在大型设备的牵引下,这块玛瑙原石被运下山摆放在广场上供人观赏。这块重达66吨的玛瑙石是当时世界上最大的一块玛瑙原石,打破了人们认知里"玛瑙无大件"的传统观念,"玛瑙王"的称号当之无愧。

2003年9月12日,在辽宁省珠宝玉石首饰行业协会指导下,在阜新蒙古自治县十家子镇的大力支持下,"十家子玛瑙协会"正式成立,这是中国第一个以玛瑙行业命名的民间行业组织。协会名称之所以不用任何行政区域名称,只用十家子地域名来注册,源于协会宗旨是服务以"十家子玛瑙专业市场"为主的来自全国各地的玛瑙从业者。

2004年,由阜新市文化局策划、组织创作的现代京剧《血胆玛瑙》在全国进行巡演,同时,在央视戏曲频道"空中剧院"栏目播出,获得了全国"五个一工程"奖。

2005年5月5日至8日,由辽宁省宝玉石协会和阜新市人民政府共同举办的辽宁省首届"玉玦杯"玉雕大赛、"辽宁省玉石工艺品博览会""中国十家子玛瑙文化节""辽宁省玉雕产业发展高层论坛"在阜新隆重举行,并约定今后每两年举办一次。此次活动拉开了辽宁省推动玉雕行业健康发展序幕。本次大赛冠名为"玉玦杯"的理由是在阜新的查海遗址出土了距今8000年前以玉玦为代表的玉器,被考古及古玉专家学者誉为"中国及世界第一玉"。

2005 年，辽宁省开展首批"辽宁省玉石雕刻大师""辽宁省玉雕艺术鉴赏大师"荣誉称号评选活动，阜新杨克全、邵景兴荣获"辽宁省玉石雕刻特级大师"荣誉称号，李铁光、曹志涛、王磊、杨辉、马宝军 5 人荣获首批"辽宁省玉石雕刻大师"荣誉称号。张正、高绍和、刘国志、李青春、郑尚玉、张士学 6 人荣获首批"辽宁省玉雕艺术鉴赏大师"荣誉称号。

2005 年 8 月，辽宁省珠宝玉石首饰行业协会为推动辽宁玉雕行业快速发展，开展了首批"行业示范基地""行业示范店""行业推荐产品"荣誉称号评选活动。阜新杨记玛瑙玉器雕刻厂荣获"辽宁省珠宝玉石行业玛瑙雕刻艺术示范基地"称号；青春玛瑙雕刻厂荣获"辽宁省玛瑙产业龙头企业"称号；尚玉玛瑙玉器厂商店、盛源玛瑙装饰工艺品厂商店荣获"辽宁省珠宝玉石首饰行业放心示范店"称号；尚玉玛瑙玉器厂"玛瑙手镯系列""玛瑙象棋系列""玛瑙围棋系列"产品、顺意玛瑙制品厂"玛瑙图章系列产品"荣获"辽宁省珠宝玉石行业推荐产品"。

2006 年，阜新市策划、组织创作了《我心中的玛瑙城》作为"市歌"进行传唱。2006 年，"阜新玛瑙雕"被列入国家首批非物质文化遗产名录。2006 年 7 月 24 日，由中国珠宝玉石首饰行业协会、辽宁省文化厅、辽宁省经济与信息化委员会、辽宁省商务厅、辽宁省国土资源厅、辽宁省地质矿产勘查局、辽宁省旅游局、辽宁省珠宝玉石首饰行业协会与阜新市人民政府共同主办的"中国阜新玛瑙节暨中国阜新玛瑙博览会"在阜新市隆重开幕。展会期间举办首届"红玛瑙杯"全国玉石雕刻大赛。截至 2016 年 9 月，已经成功举办了 11 届，为阜新玛瑙文化交流、产业发展、经贸合作和产品提升搭建了发展平台，同时，填补了全国无玛瑙专业展会的空白，创造了"世界玛瑙之都"特色城市文化品牌。同年 11 月，阜新市被国土资源部珠宝首饰管理中心和中国珠宝玉石首饰行业协会授予了首批"中国珠宝玉石首饰特色产业基地"。

2007 年 7 月 19 日—21 日，由辽宁省珠宝玉石首饰行业协会和阜新市人民政府、阜新市玛瑙协会共同举办的辽宁省第三届"玉玦杯"玉雕大赛暨中国阜新玛瑙博览会在阜新市隆重举行。

2009 年 10 日—17 日，台湾地区新党主席郁慕明率团参加了第四届中国·阜新玛瑙博览会，并就阜新玛瑙赴台湾举办展会事宜与阜新市进行了洽谈。

2009 年 8 月，由刘国友与阜新玛瑙产业管理办公室共同编写的《中国·阜新玛瑙——玛瑙的分类》出版。

2009 年，四项吉尼斯世界纪录在阜新诞生：世界上最大的玛瑙（66 吨玛瑙王）、世界上最长的玛瑙项链（122.6 米）、世界上最长的玛瑙算盘（13.11 米）、世界上最大的玛瑙拼图（6 平方米）。吉尼斯总部中国区认证官吴晓红女士向申报成功的四项新的吉尼斯世界纪录颁发了证书。

2010 年 9 月，阜新玛瑙饰品分级标准晋升为《辽宁省玛瑙饰品地方标准》。

2010 年 5 月，杭州玛瑙寺举行连横纪念馆二期开幕仪式，时任阜新市人民政府市长潘利国同志将阜新地产的一块重 200 公斤"水草玛瑙王"捐赠给连横纪念馆，结束了玛瑙寺建寺 858 年无玛瑙的历史。连横之孙中国国民党荣誉主席连战回赠阜新博物馆一块产自台湾花莲的玫瑰石。时任中国海协会会长陈云林，浙江省台办、辽宁省台办及海峡两岸三地的领导、行业代表见证了这一历史时刻。

2012 年 10 月，阜新市玛瑙产业管理办公室的"阜新玛瑙文化产业网"上线运营。2013 年，阜新十家子玛瑙集群工业园获首批"省级文化产业示范园区"称号。阜新鑫维玛瑙宝石城获首批"省级文化产业示范基地"称号。

2013 年 9 月，阜新被中国工艺美术协会授予"中国玛瑙之都"称号。2013 年 6 月《阜新玛瑙》期刊创建。

2014 年，辽宁杨记玛瑙有限公司获第二批"省级文化产业示范基地"称号。

2015 年 9 月 10 日，辽宁省珠宝玉石首饰行业协会四届四次理事会议在阜新召开。阜新市的辽宁杨记玛瑙有限公司、刘记玛瑙商行、顺意玛瑙加工有限公司、福鑫大福玛瑙工艺礼品公司、胜利玛瑙厂、珏艺轩玛瑙素活制品有限责任公司、醉石堂工艺品厂等七家企业被评为"辽宁省玉雕行业先进单位"；邵景兴、于杰、孟强、马占海、李亚娜、曹大伟、刘飞等七人被评为"辽宁省优秀玉雕大师"。2015年9月10日,"杨克全玛瑙文化艺术馆"正式开馆。2015年8月31日,以展示玛瑙奇石为主的AA级旅游景区"阜新永灵珍奇博物馆正式开馆"。博物馆建筑面积6000平方米,共设9个展厅,近3000件展品,开启了阜新玛瑙与旅游融合的新时代。

2014年4月,阜新在荣获"中国玛瑙之都"称号后,向世界手工艺理事会申报"世界玛瑙之都"。世界手工艺理事会有110个会员国单位,是联合国教科文组织中具有A级地位的权威组织。2016年4月和8月,世界手工艺理事会两次派专家组到阜新进行初评和终评工作。在伊朗召开的第18届世界手工艺理事会全体会议上,阜新被正式授予"世界玛瑙之都"称号。理事会执行主席王山表示:"这是全球玛瑙行业评价体系里具有唯一性的称号。"[1]

二、加工和销售状况

(一)市场建设

党的十一届三中全会之后,阜新玛瑙产业迅猛发展。1987年夏天,中国第一个占地5000平方米露天开放式"十家子玛瑙专业市场"在阜新市阜新县十家子镇建成。该市场每月逢3日、6日、9日开集交易玛瑙。

1998年,阜新蒙古族自治县政府投资32万元,对十家子玛瑙专业市场实施异地搬迁改造,修建了水泥地面,改造后的玛瑙市场为半封闭式结构,总占地面积超过8000平方米,摊床273个,每逢集日交易人员达到5000人以上,交易额达到了数十万元,曾被评为"辽宁省文明专业交易市场"。

2002年,阜新实施资源枯竭型城市转型振兴,将玛瑙产业定位为特色产业之一,同时,在阜新市区和十家子镇建起了两座玛瑙城:"十家子玛瑙城"总占地面积13500平方米,有300多个摊位和40多个精品间;市区玛瑙城占地面积6000平方米,设有100个精品间。

2005年9月,有着"中国玛瑙第一市场"之称的十家子玛瑙城被辽宁省工商局授予省文明市场。2005年12月,十家子镇被国家授予"全国工

---

[1] 侯悦林:《联合国教科文组织A级权威组织终评确定阜新荣获"世界玛瑙之都"称号》,《辽宁日报》2016年10月27日。

业旅游示范点"。

2007 年，坐落在阜新市商业中心的鑫维玛瑙宝石城建成，总投资 2.2 亿元，总建筑面积 48000 平方米，其中，玛瑙营业面积 18150 平方米，设有 193 个精品间，228 个摊位。

2012 年，总投资 1.2 亿元、占地 3.16 万平方米、拥有 140 多个精品间、1200 个摊位的福光玛瑙城建成。2014 年，战国红玛瑙大市场建成，专营战国红玛瑙制品，共有 60 多个精品间，1000 多个摊位。2014 年 9 月，总投资 3.2 亿元的十家子国际玛瑙城一期项目玛瑙综合市场开业。2016 年，阜新辽西古玩城开业，标志着阜新玛瑙电商时代的到来。

目前，阜新已是世界玛瑙最大的加工地、集散地。现已建成了十家子玛瑙城、阜新玛瑙城、鑫维玛瑙宝石城和高新区玛瑙精品加工基地等，总建筑面积已达到 10 万平方米。有玛瑙业户 5500 余户，从业人员近 6 万人。[①]

（二）玛瑙商户和企业

2018 年 6—10 月间，笔者组织了阜新市玛瑙产业发展调查，包括阜新市玛瑙店铺经营状况调查和阜新市玛瑙产业发展访谈。其中，阜新市玛瑙店铺经营状况调查主要是问卷调查，涉及到阜新市区内鑫维玛瑙城和老玛瑙城，还有十家子镇战国红大市场和福光玛瑙城，经过四次调研，总计获取 674 份有效问卷，其中市区 124 份、十家子 550 份。通过调查反映出阜新玛瑙商户和企业的一些基本情况。

1. 商户经营者基本结构信息

调查表明，在走访的 674 家玛瑙店铺中，经营者为男性的店铺数量为 212 家，占有效总体样本的 31.9%，经营者为女性的店铺数量为 453 家，占有效总体样本的 68.1%，是男性经营者的 2 倍（具体见表 2–1）。通过进一步了解发现，其主要原因为阜新有部分玛瑙玉石为自产自销，在这个角色任务分工中，男性主要承担加工玉石的角色，而在店铺中的销售工作则更多地由女性来承担。

---

① 侯悦林：《联合国教科文组织 A 级权威组织终评确定阜新荣获"世界玛瑙之都"称号》，《辽宁日报》2016 年 10 月 27 日。

表 2-1　调研对象的性别结构

性别	频数	有效百分比
男	212	31.9
女	453	68.1

数据来源：辽宁工程技术大学阜新转型创新发展研究院，阜新市玛瑙店铺经营状况调查，2018.6

经营人员从事玛瑙行业的时间为 10 年及以上的样本比例为 36.7%，从事 5—10 年的样本比例为 30.6%，从事 3—5 年的样本比例为 22.6%，从事时间不足 3 年的样本比例仅为 10.1%（具体见表 2-2）。说明大多数经营者积累了较为丰富的玛瑙经营及销售经验。

表 2-2　从事玛瑙行业的时间

从业时间	频数	有效百分比
不足 1 年	6	0.9
1-3 年	61	9.2
3-5 年	150	22.6
5-10 年	203	30.6
10 年以上	243	36.7

数据来源：辽宁工程技术大学阜新转型创新发展研究院，阜新市玛瑙店铺经营状况调查，2018.6

通过进一步对"从业年限"和"月均营业额"进行分析可发现，从事玛瑙行业的经营年限与营业额呈正相关（具体见表 2-3）。这是由于经营年限长的人拥有比较丰富的人脉资源，而且对于行业也有一定的了解。经营年限长的经营者多数为自产自销，自己采购原石，自己加工，自己销售，这样一来，整条行业链就掌握在自己手中。

表 2-3 从业年限与月均营业额的相关性检验

变量	指标	月均营业额	从业年限
月均营业额	相关系数	1	.211**
	显著性（双侧）		.000
	N	655	650
从业年限	相关系数	.211**	1
	显著性（双侧）	.000	
	N	650	663

**. 在 0.01 水平（双侧）上显著相关

数据来源：辽宁工程技术大学阜新转型创新发展研究院，阜新市玛瑙店铺经营状况调查，2018.6

2. 基本形态是前店后厂和自产自销

被调查的 674 家店铺中，拥有独立加工厂的店铺数量高达 470 家，占总体样本的 69.7%，说明多数店铺自产自销，拥有较为完整的产业链（具体见表 2-4）。但在"加工厂人数"这一问题的回答中，工厂人数仅为 3 人及以下的比例为总体样本的 68.7%，人数为 4—6 人的样本比例为 18.8%，7—10 人的样本比例为 7.2%，11—15 人的样本比例为 2.9%，人数规模达 15 人以上的工厂仅为 10 家，占样本比例的 2.4%（具体见第 74 页表 3-4）。进一步对"有无加工厂"与"店铺雇佣人员数量"做相关分析，发现有加工厂的店铺相应的在销售过程中也雇佣较多营业员，这与实际情况相符合。上述问题说明阜新店铺的加工厂多数为独立运作，雇佣的人员数量非常有限，没有形成规模效应，这不利于阜新玛瑙行业的长远发展。

表 2-4 经营者销售的玛瑙产品的来源情况

产品来源	频数	百分比
成品供应商	79	11.7
本市其他加工厂	72	10.7
市外玛瑙加工厂	53	7.9
自己加工	470	69.7

数据来源：辽宁工程技术大学阜新转型创新发展研究院，阜新市玛瑙店铺经营状况调查，2018.6

3. 销售产品的结构

目前在阜新地区销量最好的是马料玛瑙系列，占比达到 27%。其次的是巴西和乌拉圭系列，水草系列占比是 19.1%，比战国红系列销售略高 0.1%。

调查发现，目前店铺中小首饰挂件的销量是最好的，占玉石销售总量的 24.6%，除此之外销量最好的是手镯，目前大摆件的销量只有 7.4%。根据调查数据，目前销量最好的是低价位手镯，其次小摆件的销量为 13.3%，比大摆件销量高出 5% 左右，大摆件的销量不是很高，应进一步探究其背后的原因。

4. 玛瑙来源范围广泛

阜新是亚洲最大的玛瑙市场，原石大部分来自外地，有将近一半是来自国外，形成了买世界的格局。阜新本地玛瑙不到三分之一（具体见表2-5）。

表 2-5　玛瑙原石的来源情况

	频数	百分比
阜新本地	191	28.3
国内其他玛瑙原石产地	167	24.8
国外玛瑙原石产地	316	46.9

数据来源：辽宁工程技术大学阜新转型创新发展研究院，阜新市玛瑙店铺经营状况调查，2018.6

5. 主要销售途径

在"玛瑙采用的主要销售途径"这一问题的调查中，发现经营者主要依靠实体店销售的样本比例为 72.1%，在经营实体店的同时，还有部分店家开通了网店、微商、招收代理等多样化销售途径。通过调查发现，有网店销售的样本比例为 23.6%，有微商销售的样本比例为 34.9%，通过招收代理进行销售的样本比例为 9.5%，还有 18.5% 的被调查者采用了其他的销售途径（具体见表2-6）。

表 2-6　经营者的主要销售途径分布

销售途径	频数	百分比
实体店直销	486	72.1
网店销售	159	23.6
微商方式	235	34.9
招收代理销售	64	9.5
其他销售方式	125	18.5

数据来源：辽宁工程技术大学阜新转型创新发展研究院，阜新市玛瑙店铺经营状况调查，2018.6

由玛瑙网络销售利润占玛瑙销售总利润的比重可知：总数第一的是网络销售利润比重不足 10% 的商家，占总商家数的 50%；第二是网络销售利润比重仅为 10%—30% 的商家，占总商家数的 30%；第三是网络销售利润比重为 31%—50% 的商家，占总商家数的 11.5%。这三类占到总体的 90% 多，尤其是有一半的商家网络销售利润比重不足 10%，这些商家在网络销售上的利润对总利润影响不明显（具体见表 7）。

表 2-7　借助网络途径销售所获利润值占总利润值的比重情况

利润占比	频数	百分比
不足 10%	337	51.5
10%—30%	197	30.1
30%—50%	75	11.5
50%—70%	27	4.1
70%—90%	12	1.8
90% 以上	7	1.0

数据来源：辽宁工程技术大学阜新转型创新发展研究院，阜新市玛瑙店铺经营状况调查，2018.6

由此可见，阜新玛瑙网络销售的比例并不高，在网络销售日益发达的今天，阜新玛瑙仍然主要依靠实体店的销售渠道，明显未跟上时代的发展潮流。但值得注意的是，仍然有 46 个商家的网络销售利润比重高。随着互联网发展，科技不断进步，网络销售的份额会不断增加。阜新玛瑙应紧跟时代步伐，将传统的玛瑙销售与现代化的经营手段相结合。例如，采用网络直播等立体、实时的销售手段可能会更加满足现代人的购买心理，从而提高阜新玛瑙在全国甚至全世界的销售量。

三、科研和人才培养

（一）科研工作

1982 年，阜新玛瑙系列产品被列入"全国星火计划"项目。1983 年，阜新玛瑙产品着色技术获得"辽宁省科技进步奖"。由阜新市张宇研发的"雷宇"牌玛瑙钻孔针获国家专利；邵景兴的玉龙盘，曹志涛的俏形艺术、玛瑙篮球和玛瑙月饼，刘建的玛瑙枕先后获得国家专利。2010 年 9 月，阜新玛瑙饰品分级标准成功获得了《辽宁省玛瑙饰品地方标准》。2012 年，辽宁省玛瑙产品质量监督检验中心在阜新成立。2016 年 12 月，阜新玛瑙获国家地理标志产品认证。

（二）人才培养

人才是玛瑙产业发展的核心和可持续发展的保证。阜新市委、市政府始终把玛瑙人才的培养作为重要工作来抓。目前阜新对玛瑙产业人才实施梯队式培养，在市二职专、市聋哑学校两所中职学校设立了玛瑙专业班，还有五一玛瑙雕刻设计培训基地等一批普惠制技能培训基地。积极推进大师进校园、班级进车间的双向人才培养模式。每年都组织阜新市青年玛瑙从业人员参加省级以上政府部门及行业协会组织的玉雕技艺培训工作。为拓宽玛瑙人才培养途径，还与省内外多所大学建立了实训基地战略合作关系。现已有百余人晋升为省级以上各类大师，近千余人获人社部门专业职称。目前，拥有国家工艺美术大师 2 人，中国玉雕大师 7 人，国家级非物质文化遗产传承人 1 人，省级大师近 200 人，[①]中级以上专业职称人才1000 余人，全市玛瑙专业毕业生 400 多人，在校生约 100 人，传统师傅带徒弟的在岗学员达千余人，目前行业直接就业人员近 5 万人，带动相关就业已达 10 万人。

---

① 侯悦林：《联合国教科文组织 A 级权威组织终评确定阜新荣获"世界玛瑙之都"称号》，《辽宁日报》2016 年 10 月 27 日。

（三）玛瑙大师

李洪斌、杨克全、邵景兴、曹志涛、李铁光、陶巍、王磊、杨辉、王鑫、周志国、马宝军、齐国华、于杰、马占海、李亚娜、韦平超、王秀云、韦海荣、陈宝成、孟强、吴凡、于飞、王健、郭柏相、岳明明、韩力夫、张思全、王飞、曹利力、肖显德、李树林、杨志良、曾恒辉、王立全、程成、程同利、张岩松、王金、于敏、张志超、刘志岩、蹇雨波、陆益忠、赵振涛、王健、姚立刚、周志刚、刘飞、曹大伟、朱磊、梅玉林、杨秋野、柳敏福、殷丙武、何世福、张士学、高绍和、刘国志、李青春、郑尚玉、李延军、赵洋、刘玉莹、吕刚、阎永利、孟刚、徐公军、刘建、梁文波、刘玉清、张正、刘超、聂笑宇、李玉霜、邱瑞泽、谢新海、高峰、李明、祖丽宇、邵壮、华雪南、李金艳、轩荣光、马建伟、李建、董力龙、王耀鹏、李雪冬、佟帅、冯永哲、吴珂、刘洋、赵福娟、姜哲、于勇、曹辉、葛星泽、曹立波、殷孝龙、张春龙、段立敏、段立军、王立忠、魏波、杨帆、王代成、李军、张宝柱、郭阜宁、李亚娟、李东波、何晓东、赵洪、赵杨、闫靖英、赵福春、王作江、崔凯、马圣炎、张艳蕊、李振宇、徐广武、汪洪洋、赵文亮、王菲、刘迎志、刘茵、吕威、赵德军、王全璐。

四、发展战略

战略目标：阜新建设全国最大的玛瑙集散地和交易中心，将阜新打造成"世界玛瑙之都"。

具体目标：实施玛瑙文化品牌战略，建设玛瑙产业发展集群，扩大玛瑙产业经济总量，提高对全市经济发展的贡献率；把玛瑙产业做大、做强、做优、做特，逐步将阜新市发展成为世界玛瑙集散中心、加工中心、文化中心、信息中心。

（一）建设世界玛瑙集散中心

以十家子全国玛瑙特色镇为依托，发挥其玛瑙批发市场和玛瑙工业园区的规模、人才、原料、制品、加工设备、辅助材料以及物流优势，建成世界最大的玛瑙产业集群；阜新玛瑙传承基地要利用人才、信息和科技优势，逐步构建技术研发、产品设计鉴定、精品展示、产品示范的精品展馆。

（二）建设世界玛瑙加工中心

通过研究开发、不断增加新品种，进一步扩大玛瑙的应用领域，在工艺品、饰品、旅游纪念品、体育用品、保健品、装修材料和工业用品七大类初步形成较为完整的玛瑙系列产品化链条。

（三）建设世界玛瑙信息中心

发挥阜新玛瑙资源、市场和人才优势，充分利用互联网"大数据"建立全球玛瑙信息研发和处理机构，研判玛瑙行业发展方向。及时发布国内外行业信息，为玛瑙行业发展提供信息服务，引导玛瑙特色文化产业健康发展。

（四）建设世界玛瑙文化中心

弘扬玛瑙文化，深入挖掘玛瑙文化内涵，打造玛瑙文化品牌，提升品牌知名度；提高玛瑙制品文化底蕴和文化附加值；增强行业凝聚力，不断加大玛瑙文化的宣传力度。

五、阜新玛瑙产业的总体管理

阜新玛瑙文化产业发展得到了地方各级党委、政府及行业的高度重视，将其列为地方经济社会转型振兴的特色产业之一。

（一）采矿管理

2003年，阜新市委、市政府为确保资源的科学开发和有序利用，对阜新境内的玛瑙资源私挖滥采现象进行了全面清理整顿，自此之后，阜新玛瑙矿山进入了科学勘查、严加保护、有序利用的时代。目前，只有在泡子镇、四家子乡、七家子乡三个玛瑙"靶区"开采非金属矿产资源时将玛瑙作为一种伴生资源进行开采，但是，有时还有一些人在矿区捡拾玛瑙。

（二）产业管理

2005年12月，阜新市在阜新蒙古族自治县十家子镇规划建设"十家子玛瑙产业园区"并成立了阜新十家子玛瑙产业基地管理办公室；2006年2月，阜新市委、市政府成立玛瑙特色产业发展领导小组，办公室设在市文化局，成立了阜新市文化产业管理办公室（阜新市玛瑙产业管理办公室），负责全市玛瑙产业发展的综合协调工作。同时，成立了由阜新市委、市政府主导下的市玛瑙协会；2010 年 8 月，阜新市将玛瑙产业发展列为阜新经济社会转型发展的"十大产业集群"之一，成立了玛瑙产业集群建设推进组，负责研究制定产业发展规划，研究分析产业发展形势，对产业健康发展进行指导，研究协调解决产业发展中遇到的困难和问题，帮助推进产业招商引资工作，帮助产业基地争取各类政策和资金支持。[①]

---

① 本章大量内容摘自或参考了张士学、刘德刚、蒋克、吕威、刘茵等同志整理的材料。

第三章
阜新玛瑙产业存在问题

第一节
规模与趋势

一、经营规模普遍偏小

（一）店铺平均营业额偏小

调查表明（具体见表3−1），就店铺平均营业额来说，月均营业额在0.5万元以下的样本比例为31%，0.5万−1万元的样本比例为33.9%，1万−3万元的样本比例为20.6%，3万−5万元的样本比例为8.7%，月均营业额达到5万−10万元的样本比例仅为3.8%，而月均营业额达到10万元以上的店铺比例仅为2%。可见，目前多数店铺的月均营业额主要集中在1万元以下，营业额较低，与本世纪初相比大幅下降。

表3−1 店铺月平均营业额情况

月平均营业额	频数	有效百分比
0.5万元以下	203	31.0
0.5万−1万元	222	33.9
1万−3万元	135	20.6
3万−5万元	57	8.7
5万−10万元	25	3.8
10万元以上	13	2.0

数据来源：辽宁工程技术大学阜新转型创新发展研究院，阜新市玛瑙店铺经营状况调查，2018.6

（二）店铺存货偏少

调查表明（具体见表3-2），阜新玛瑙商户的店铺存货价值非常低，存货价值1万元以下的占14.7%，存货1万-5万元占30.7%，存货5万-10万元占19.4%，存货10万-20万元占12%，存货价值20万-50万元占13.3%，存货50万-100万元占5.3%，存货100万元以上占4.6%。玛瑙作为货物价值较高的珠宝行业，存货明显偏低，接近一半的店铺存货在5万元以下，近65%的商户的存货在10万元以下。这一方面说明店铺规模太小，也间接反映出店主缺少经营信心，不敢进新货。

表3-2　店内玛瑙产品存货价值情况

店铺存货价值	频数	有效百分比
1万元以下	97	14.7
1万-5万元	203	30.7
5万-10万元	128	19.4
10万-20万元	79	12.0
20万-50万元	88	13.3
50万-100万元	35	5.3
100万元以上	31	4.6

数据来源：辽宁工程技术大学阜新转型创新发展研究院，阜新市玛瑙店铺经营状况调查，2018.6

二、店铺和工厂人员较少

（一）店铺雇佣营业人员少

调查表明，有关店铺雇佣营业员人数方面：营业员数量为0人，即未雇佣营业员的店铺数多达266家，占样本比例的41.2%；营业员人数为1人的店铺占样本比例的20.8%；营业员人数为2人的店铺占样本比例的18%；营业员人数为3人的店铺占样本比例的9.8%；营业员人数为4人的店铺占样本比例的3.6%；而营业员人数达到5人以上（含5人）的店铺占样本的比例仅为6.6%（具体见表3-3）。说明阜新玛瑙店铺多为小商小铺，经营规模较小。

表 3-3　店铺雇佣营业员的数量

雇佣营业员数量	频数	有效百分比
0 人	266	41.2
1 人	134	20.8
2 人	116	18.0
3 人	63	9.8
4 人	23	3.6
5 人	10	1.6
5 人以上	33	5.0

数据来源：辽宁工程技术大学阜新转型创新发展研究院，阜新市玛瑙店铺经营状况调查，2018.6

（二）加工厂雇佣工人较少

调查表明，大部分玛瑙加工厂的工人较少。雇佣工人 3 人及以下的比例为 68.7%，接近 7 成；4–6 人的加工厂占 18.8%，接近 2 成；超过 10 人的加工厂仅为 5% 左右（具体见表 3–4）。

表 3-4　加工厂雇佣工人的数量

雇佣工人数量	频数	有效百分比
3 人及以下	285	68.7
4–6 人	78	18.8
7–10 人	30	7.2
11–15 人	12	2.9
15 人以上	10	2.4

数据来源：辽宁工程技术大学阜新转型创新发展研究院，阜新市玛瑙店铺经营状况调查，2018.6

三、近五年店铺销售量在不断缩减

调查表明，五年来总体销售量变化趋势如下：有 42.4% 的商家总体销售量下降 50% 以内，占比最多；有 21.8% 的商家总体销售量下降 50%–

100%；有 5% 的商家总体销售量下降幅度超过 100%（具体见表 3–5）。可见，共有 69.2% 的商家这五年玛瑙总体销售量呈下降趋势。但也有 16% 的商家这五年玛瑙总体销售量呈上升趋势，其中有 36 家的涨幅超过 50%，有 14.8% 的商家近五年玛瑙总体销售量稳定。

表 3–5　近五年店铺总体销售量变化趋势

销售量变化趋势	频数	有效百分比
上升 100% 以上	6	0.9
上升 50%–100%	30	4.6
上升 50% 以内	69	10.5
稳定	97	14.8
累计下降 50% 以内	278	42.4
累计下降 50%–100%	143	21.8
累计下降 100% 以上	33	5.0

数据来源：辽宁工程技术大学阜新转型创新发展研究院，阜新市玛瑙店铺经营状况调查，2018.6

第二节
价格与利润

一、平均销售价格较低

调查表明，阜新玛瑙单个产品的平均销售价格较低。认为单价 50 元以下的产品销量最好的占到 23.6%；认为单价在 50–100 元的产品销量最好的占 29.3%；认为 100–500 元的产品销量最好，大概占比 30% 左右（具体见表 3–6）。总体上看，超过 85% 的业主认为 500 元以下的玛瑙产品销量最好，说明阜新玛瑙产品的销售价格偏低。

表 3-6　销量最好的玛瑙产品价位分布情况

销量最好的玛瑙产品价位	频数	有效百分比
50 元以下	156	23.6
50–100 元	194	29.3
100–500 元	214	32.3
500–1000 元	57	8.6
1000–5000 元	22	3.3
5000–10000 元	10	1.5
10000 元以上	9	1.4

数据来源：辽宁工程技术大学阜新转型创新发展研究院，阜新市玛瑙店铺经营状况调查，2018.6

二、销售价格下行压力较大

调查表明（具体见表3-7），对于玛瑙产品近5年销售价格变化趋势：价格下降的店铺占绝大多数，约70%；玛瑙产品价格稳定和上升的店铺占比基本相同，约为15%。

表3-7 近五年玛瑙产品价格变化趋势

价格变化趋势	频数	有效百分比
上升100%以上	4	0.6
上升50%-100%	24	3.7
上升50%以内	75	11.5
稳定	101	15.4
累计下降50%以内	280	42.8
累计下降50%-100%	143	21.9
累计下降100%以上	27	4.1

数据来源：辽宁工程技术大学阜新转型创新发展研究院，阜新市玛瑙店铺经营状况调查，2018.6

三、销售利润普遍下降

销售利润是企业在其全部销售业务中实现的利润，又称营业利润、经营利润。销售利润永远是商业经济活动中的行为目标，没有足够的利润，企业就无法继续生存，没有足够的利润，企业就无法扩大发展。不少企业老板面对市场激烈的竞争，面对产品超低利润的销售局面，一筹莫展。可是不降价产品就卖不出去，企业更没法生存，价格降下来了，产品销量越来越大，可是利润越来越小，甚至亏本。销售利润趋势直接决定商家未来的经营计划，包括商家是否扩张加大经营规模等。在整个阜新经济不景气的大环境下，玛瑙行业受到影响是必然的。调查表明，对于近五年玛瑙产品销售利润的变化趋势，认为销售利润下降的占比达到65%以上，其中，认为销售利润会下降50%以内的占40.2%，认为销售利润下降50%-100%以内的占19.4%，销售利润会下降100%以上的占5.5%。这在一定程度上反映了阜新玛瑙行业的现状，即利润下降的趋势。必须重视这个现象，积极寻找新的利润增长点，振兴阜新的玛瑙行业。但是在不利的大环境下，仍有店铺认为营业利润是上升的，说明还是有盈利的店铺，并不是所有的店铺经营都不景气。目前玛瑙行业竞争激烈，如何在激烈的行业竞争中生存下来是一些利润率低的店铺需要解决的问题。

表 3-8　近五年玛瑙产品销售利润的变化趋势

销售利润的变化趋势	频数	有效百分比
上升 50% 以内	84	12.8
上升 50%–100%	27	4.1
上升 100% 以上	1	0.2
累计下降 50% 以内	264	40.2
累计下降 50%–100%	127	19.4
累计下降 100% 以上	36	5.5
稳定	117	17.8

数据来源：辽宁工程技术大学阜新转型创新发展研究院，阜新市玛瑙店铺经营状况调查，2018.6

第三节
素质与品位

一、玛瑙店铺经营者总体文化程度不高

调查表明，关于经营者的文化程度，初中及以下学历占样本比例的60.9%，高中学历占样本比例的25.3%，专科学历占样本比例的11.2%，本科和研究生学历仅有17人，可见玛瑙经营者的学历水平整体偏低（具体见表3-9）。

表 3-9　经营者的文化程度

文化程度	频数	有效百分比
初中及以下	402	60.9
高中	167	25.3
专科	74	11.2
本科	16	2.4
研究生及以上学历	1	0.2

数据来源：辽宁工程技术大学阜新转型创新发展研究院，阜新市玛瑙店铺经营状况调查，2018.6

通过对"文化程度"和"月平均营业额"的相关性检验发现概率 p 值为 0，小于 0.05，二者之间呈显著相关关系（具体见表3-10）。说明学历越高则销售额越多，反映了阜新玛瑙当前销售状况不佳的一个重要原因就是经营者的文化程度较低。而从数据分析的结果来看，对于经营者来说，学历高低跟经营能力强弱成正比。

表 3-10　文化程度与月平均营业额的相关性检验

变量	指标	文化程度	月均营业额
文化程度	相关系数	1	.137**
	显著性（双侧）		.000
	N	660	647
月均营业额	相关系数	.137**	1
	显著性（双侧）	.000	
	N	647	655

**. 在 0.01 水平（双侧）上显著相关

数据来源：辽宁工程技术大学阜新转型创新发展研究院，阜新市玛瑙店铺经营状况调查，2018.6

二、玛瑙加工人员文化程度普遍偏低

调查表明，玛瑙加工厂的工人文化程度非常低。其中，加工厂的工人文化程度在初中及以下的百分比高达 83.9%，而高中文化程度占 14.3%，专科和本科学历的工人仅有 7 人（具体见表 3-11）。

表 3-11　加工厂工人的文化程度

文化程度	频数	有效百分比
初中及以下	328	83.9
高中	56	14.3
专科	6	1.5
本科	1	0.3

数据来源：辽宁工程技术大学阜新转型创新发展研究院，阜新市玛瑙店铺经营状况调查，2018.6

三、阜新本地玛瑙雕刻加工水平粗糙

调查表明，在阜新市经营玛瑙店铺的业主认为本地整体玛瑙雕刻水平不高，只有 28.4% 的人认为阜新玛瑙雕刻水平处于国内领先的状态，有

20.8% 的人认为阜新玛瑙雕刻加工水平与南方省份差不多，两者合计不到一半。有 38.1% 的人认为阜新玛瑙雕刻水平比南方省份差一些，甚至有 12.7% 的人认为阜新玛瑙雕刻水平比南方省份差很多（具体见表 3-12）。

表 3-12 阜新本地玛瑙雕刻加工水平情况

玛瑙雕刻加工水平	频数	有效百分比
国内领先	183	28.4
与南方省份差不多	134	20.8
比南方省份差一些	246	38.1
比南方省份差很多	82	12.7

数据来源：辽宁工程技术大学阜新转型创新发展研究院，阜新市玛瑙店铺经营状况调查，2018.6

四、玛瑙产品的文化品位不高

调查表明，商户业主对阜新玛瑙产品的文化品位评价不高：评价为非常高的仅为 22.6%；评价比较高的占 33.3%；评价为一般的比例最大，高达 38.8%，也就是说接近四成的经营者认为阜新玛瑙产品文化品位一般；另外，还有大约 5% 的人认为阜新玛瑙产品文化品位比较低或非常低（具体见表 3-13）。

表 3-13 阜新玛瑙产品的文化品位

文化品位	频数	有效百分比
非常高	150	22.6
比较高	221	33.3
一般	257	38.8
比较低	27	4.1
非常低	8	1.2

数据来源：辽宁工程技术大学阜新转型创新发展研究院，阜新市玛瑙店铺经营状况调查，2018.6

第四节
信心与流失

一、对玛瑙产业未来发展信心不足

调查表明，玛瑙店铺对阜新市玛瑙产业发展的信心不足。认为阜新玛瑙产业未来会快速发展的为 19.2%，不到 20%；认为缓慢发展的为 31.5%；两个合计仅为 50.7%。认为仅能维持现状的占 24.5%，而认为会逐渐衰弱的高达 22.6%，认为会迅速萎缩的为 2.1%（具体见表 3–14）。

表 3–14 阜新市玛瑙产业的发展前景估计

发展前景	频数	有效百分比
快速发展	127	19.2
缓慢发展	208	31.5
维持现状	162	24.5
逐渐衰弱	149	22.6
迅速萎缩	14	2.1

数据来源：辽宁工程技术大学阜新转型创新发展研究院，阜新市玛瑙店铺经营状况调查，2018.6

二、玛瑙资源和人才外流

调查表明，不少玛瑙商户对阜新玛瑙市场信心不足，打算到外地发展。在被调查的 662 个有效样本中，有 44% 的商家选择了"是"，代表向外扩张；有 56% 的商家选择"否"，代表不向外扩张（具体见表 3–15）。

表 3-15 商户是否打算向外地拓展玛瑙经营规模情况

是否向外地拓展	频数	有效百分比
是	291	44.0
否	371	56.0

数据来源：辽宁工程技术大学阜新转型创新发展研究院，阜新市玛瑙店铺经营状况调查，2018.6

　　在访谈中，大部分商户对当前的经营状况不满意，对未来缺少信心。老玛瑙城的租金近年来持续下降。许多经营者表示，如果不是自己家的店铺（房屋产权自有、无需缴纳房租）根本撑不下去。阜新大量的玛瑙加工人员外流，一些有实力的玛瑙商户选择到外地开分店，经营人才外流。许多玛瑙工厂关闭，大量工人到南方寻找发展机会。

第五节
影响与地位

一、阜新玛瑙销售的主要群体在辽宁省

阜新市在宣传时打出了"亚洲最大玛瑙市场"的口号,但调查表明,阜新市玛瑙产品的主要消费者还是以省内为主:约有60%的消费者是辽宁省内人,其中,阜新本地人的比例为19.8%,认为消费群体为辽宁省内其他城市人的样本比例为40.4%,而认为店铺消费群体主要为省外游客的样本比例为39.8%(具体见表3-16)。这虽然和阜新市交通不便、旅游业不发达有关,但也从另一个角度说明,阜新市玛瑙产业在全国的影响力还很不够。

表 3-16　店内的主要消费群体分布情况

消费群体	频数	有效百分比
阜新本地人	127	19.8
辽宁省内人	259	40.4
省外游客	255	39.8

数据来源:辽宁工程技术大学阜新转型创新发展研究院,阜新市玛瑙店铺经营状况调查,2018.6

二、阜新玛瑙在全国的知名度并不高

阜新市 2013 年荣获"中国玛瑙之都"称号,2016 年又获得了"世界玛瑙之都"的称号,但阜新市在全国的知名度并不高。玛瑙商户通常对全国的玛瑙比较了解，也经常光顾全国各大玛瑙市场，认为阜新玛瑙在全国知名度非常高的仅占 26.1%，认为阜新玛瑙在全国知名度比较高的占33.4%，二者合计达到近 60%。但有 34.2% 的人认为阜新玛瑙的知名度一般，还有 6.3% 的人认为阜新玛瑙的知名度比较低或非常低（具体见表3-17），这和阜新的"中国玛瑙之都"和"世界玛瑙之都"的称号是不相配的。

表 3-17 阜新玛瑙在全国的知名度

知名度	频数	有效百分比
非常高	172	26.1
比较高	220	33.4
一般	225	34.2
比较低	29	4.4
非常低	12	1.9

数据来源：辽宁工程技术大学阜新转型创新发展研究院，阜新市玛瑙店铺经营状况调查，2018.6

第六节
原因与风险

一、阜新玛瑙产业存在问题的原因

调查表明（具体见表 3-18），玛瑙店铺对玛瑙价格的影响因素说法不一：有 34.9% 的人认为是受阜新市整体经济水平影响的，占比最大；有不到 30% 的人认为玛瑙价格最大的影响因素是玛瑙的需求，仅有十分之一左右的营业者认为是产品数量的原因，有十分之一的营业者认为是自身工艺的原因。从商户的认知来看，阜新玛瑙产业发展存在的问题是多方面的，起码包括需求侧的原因和供给侧商户营销方面的原因，其实，也存在政府管理侧方面的原因，是各方面原因叠加的结果。

表 3-18　您认为对阜新玛瑙价格影响最大的因素

影响因素	频数	有效百分比
产品数量	64	9.8
消费者的需求	192	29.5
自身工艺	63	9.7
阜新市整体经济水平	227	34.9
其他	105	16.1

数据来源：辽宁工程技术大学阜新转型创新发展研究院，阜新市玛瑙店铺经营状况调查，2018.6

（一）需求侧：礼品性需求下降

玛瑙作为一种珠宝玉石类商品，可以作为收藏品，但更多的是作为一种礼品。由于阜新玛瑙文化历史悠久，玛瑙制品曾经在全国有很高的知名度，于是玛瑙也成为企业家之间交往赠送礼品的首选。买家们旺盛的礼品性需求使玛瑙具备了奢侈品的属性。所以玛瑙价格不断上涨，推动阜新玛瑙产业高速增长，许多农民和下岗职工都开始加工和经营玛瑙，玛瑙制品只要加工出来，不管质量如何，基本都有销路，都能卖上不错的价格，有一些玛瑙店主说："那几年真是挣了点好钱。"

2012年以后，因为种种原因，玛瑙作为礼品的需求开始迅速下降，礼品需求的大幅度下降导致一些玛瑙商家的销量和销售价格都大幅度下降。销量下降和价格下降导致玛瑙商家利润迅速下降，为了维持正常经营，店铺开始进一步降价促销，但玛瑙价格的下降不但没有提高政府和企业对玛瑙礼品的需求，反而使部分玛瑙制品跌落出奢侈品行列。而跌出奢侈品行列后，玛瑙制品作为普通市民礼品的需求也开始下降，因为送玛瑙不再是一个非常有面子的事（当然，像高品质战国红和水草玛瑙制品的价格一直处于高位，普通市民作为礼品有些贵，需求也不大）。而阜新市交通不便，旅游业不发达，外来人员非常少，阜新市本地玛瑙需求下降，对阜新玛瑙产业的规模、价格和利润产生不利影响。

（二）供给侧：营销观念落后，玛瑙制品质量品位不高

1. 阜新玛瑙商户营销观念落后，营销战略单一陈旧

阜新玛瑙产业的从业者不少是农民出身，还有一部分是煤矿的下岗职工，从业者的总体文化素质和文化品位不高，教育程度大部分是初中及以下，营销观念落后。

本来，玛瑙制品由于颜色和图案的独特性具有天然的唯一性，最容易形成差异化竞争策略，但阜新玛瑙店铺普遍采取低价竞争策略，玛瑙制品题材陈旧，类型单一，缺少品牌，导致产品同质化严重，只能通过降低价格促销，导致恶性竞争，价格越来越低。营销手段单一，大部分玛瑙商户还是以实体店销售为主，调查显示，超过70%的店铺还是把实体店直销作为主要销售渠道（具体见表3-19）。

表 3-19　主要销售途径统计资料

销售途径	频数	有效百分比
实体店直销	486	74.3
网店销售	159	24.3
微商销售	235	35.9
招收代理销售	64	9.8
其他销售方式	125	19.1

数据来源：辽宁工程技术大学阜新转型创新发展研究院，阜新市玛瑙店铺经营状况调查，2018.6

2.部分玛瑙制品工艺粗糙，文化品位不高

2012 年以后，阜新玛瑙销量和价格下跌，店铺收入下降，导致高素质玛瑙加工人员外流。为了降低成本，商户普遍倾向于选用工资低廉的普通小工作为加工工人，这让雕刻工艺质量进一步下降。由于加工工人文化程度较低，缺少与时俱进的创新设计，导致玛瑙产品无法对收藏市场形成吸引力。调查表明（具体见表 3-20），玛瑙加工者在加工设计时，考虑最多的因素是原料质地，占 50.2%；排在第二位的是价格，占 49%；排在第三、第四和第五位的才和工艺及文化相关，分别是雕刻工艺占 36.4%，题材占 31.1%，而文化品位最低，仅占 20.1%。

表 3-20　加工设计时考虑的因素

考虑因素	频数	有效百分比
价格	322	49
雕刻工艺	239	36.4
原料质地	330	50.2
题材设计	204	31.1
文化品位	132	20.1

数据来源：辽宁工程技术大学阜新转型创新发展研究院，阜新市玛瑙店铺经营状况调查，2018.6

玛瑙店铺对玛瑙产品创意方面重视程度不够。调查表明（具体见表

3-21），对产品创意非常重视和比较重视的占 38.2% 和 36.1%，合计为74.3%；而重视程度一般和不太重视的合计高达 25.1%，超过四分之一。

表 3-21　产品创意的重视程度

重视程度	频数	有效百分比
非常重视	252	38.2
比较重视	238	36.1
一般	150	22.7
不太重视	16	2.4
非常不重视	4	0.6

数据来源：辽宁工程技术大学阜新转型创新发展研究院，阜新市玛瑙店铺经营状况调查，2018.6

3. 知名商标凤毛麟角，缺少有全国影响的品牌

阜新玛瑙行业现有各类经营业户 5500 多家，其中，辽宁省著名商标仅有 3 个，辽宁省工艺美术行业百强企业仅有 4 个，优秀企业 2 个，阜新市级著名商标 13 个，知名产品 7 个。相比江苏省东海县的水晶产业，"东海水晶"荣获国家地理标志保护产品、国家驰名商标、入选"江苏符号"，"大姐吴兆娥""石来运好"商标获批中国驰名商标，"至善坊""海龙水晶"等 6 个品牌获评江苏省著名商标、江苏省名牌产品。专利申请量5000 多件，授权量 2000 多件，版权登记保护作品 2200 余件。由此可见，阜新玛瑙产品必须深耕地域文化内涵，提升产品的文化含量和创意，增强知识产权保护意识，树立品牌意识，不断提高产品品牌的层次，打造行业核心竞争力。

4. 缺乏龙头企业支撑引领，没有形成集群效应

调研发现，阜新玛瑙产业的大部分企业为一家一户的小作坊式生产，管理比较粗放，加工设备与工艺相对落后，还处于"单打独斗"的状态，缺少龙头企业，玛瑙厂家之间在产品输出和本地销售方面的竞争还停留在内部竞争阶段。除了个别稍具规模的玛瑙加工企业能够充分利用玛瑙玉石原料外，大部分作坊企业仍处于以出卖原料和初级小件产品为主的阶段，导致大量的稀缺玛瑙原石资源被简单粗放式利用，造成原材料大量的浪

费，产品的附加价值也无从谈起，导致阜新大量玛瑙产品长期处在价值链低端。市场主体发育不够成熟是当前阜新市文化产业最大的问题，一方面缺乏核心的龙头企业，另一方面缺乏生机勃勃的中小企业。与国内发达地区相比，产品高端文化创意不强，产业链不长，多样化不足、同质化现象较为突出，产品的附加值较低，集群效应不明显的问题较为突出。

（三）行业协会影响力小，引领作用和约束作用有限

按照常理推断，玛瑙店铺的经营人员作为玛瑙从业者，应该对阜新玛瑙产业有非常准确的了解，而调查结果却令人大跌眼镜。调查数据表明，阜新玛瑙业主对阜新玛瑙产业和玛瑙文化的了解并不深入全面。"玛瑙是传统的佛家七宝之一"作为玛瑙产品的一个重要的基础卖点，竟然有近35%的人并不清楚（具体见表3-22）。

表3-22　玛瑙是否为佛家七宝之一

	频数	有效百分比
是	437	65.8
否	20	3.0
不清楚	207	31.2

数据来源：辽宁工程技术大学阜新转型创新发展研究院，阜新市玛瑙店铺经营状况调查，2018.6

玛瑙具有药用价值和养生功能，这在《本草纲目》中早有记载，这是当前养生文化下的一个重要的营销文化点，但遗憾的是，调查表明，只有73.4%的经营人员知道，有四分之一的人不清楚（具体见表3-23）。

表3-23　玛瑙是否具有养生功能

	频数	有效百分比
是	488	73.4
否	20	3.0
不清楚	157	23.6

数据来源：辽宁工程技术大学阜新转型创新发展研究院，阜新市玛瑙店铺经营状况调查，2018.6

作为阜新玛瑙最大的宣传亮点，"阜新玛瑙雕"2006年被列入国家首批非物质文化遗产名录，阜新玛瑙的从业者应该人人皆知。但调查表明，仅有51.9%的从业者知道这一点，有近一半的人不知道（具体见表3-24）。

表3-24 玛瑙雕刻是否为国家非物质文化遗产

	频数	有效百分比
是	344	51.9
否	21	3.2
不清楚	298	44.9

数据来源：辽宁工程技术大学阜新转型创新发展研究院，阜新市玛瑙店铺经营状况调查，2018.6

阜新有7名中国玉雕大师，这也是阜新玛瑙的骄傲，但调查表明，也只有31.7%的玛瑙从业者了解（具体见表3-25）。

表3-25 阜新国家级玉雕大师或工艺美术大师的数量

数量	频数	有效百分比
1人	26	4.0
2人	30	4.6
3人	63	9.7
4人	49	7.5
5人	73	11.2
6人	46	7.1
7人	207	31.7
不清楚	158	24.2

数据来源：辽宁工程技术大学阜新转型创新发展研究院，阜新市玛瑙店铺经营状况调查，2018.6

为什么会出现这种情况？这些玛瑙行业重要信息和文化特色在玛瑙从业者中的交流和传播应该是行业协会的职责。阜新市玛瑙协会成立于2006年，现有会员120人，是中国珠宝玉石首饰行业协会常务理事单位。但由于种种原因，阜新市玛瑙协会会员人数覆盖面低，调查表明（见表26），被调查的玛瑙经营人员中是会员的仅占约17%。而且部分业主反映，没听说阜新玛瑙协会开展什么特别有影响力的活动。这就不难理解为什么阜新玛瑙从业者对玛瑙的基本特点和阜新玛瑙产业的一些基本情况和信息了解程度如此之低了。可见，阜新市玛瑙协会对阜新市玛瑙产业发展的引领作用和约束作用有限，没有发挥出什么重要的促进作用。

表3-26　是否为阜新市玛瑙协会会员

	频数	有效百分比
是	111	16.8
否	548	83.2

数据来源：辽宁工程技术大学阜新转型创新发展研究院，阜新市玛瑙店铺经营状况调查，2018.6

（四）政府重视不够，持续支持力度不足

应该说，阜新玛瑙具有悠久的历史传承和深厚的文化底蕴，进入二十世纪阜新玛瑙产业的快速崛起也正是得益于这种历史和文化的积淀，但政府的积极推动无疑发挥了决定性作用，可以说功不可没。例如，2005年12月，阜新市在阜新蒙古族自治县十家子镇规划建设"十家子玛瑙产业园区"，并成立了阜新十家子玛瑙产业基地管理办公室；2006年2月，阜新市委、市政府成立玛瑙特色产业发展领导小组，办公室设在市文化局，成立了阜新市文化产业管理办公室（阜新市玛瑙产业管理办公室），负责全市玛瑙产业发展的综合协调工作；同时，成立了由市委、市政府指导下的阜新市玛瑙协会；2010年8月，阜新市将玛瑙产业发展列为阜新经济社会转型发展的"十大产业集群"之一，成立了玛瑙产业集群建设推进组，负责研究制定产业发展规划。研究分析产业发展形势，对产业健康发展进行指导，研究协调解决产业发展中遇到的困难和问题，帮助推进产业招商引资工作，帮助产业基地争取各类政策和资金支持。正是政策的强有力支持，才使阜新在短短十多年的时间里初步形成了较为完整的产业链条，成为国内最大的玛瑙集散地，2016年荣膺"世界玛瑙之都"的美誉。但和玛瑙业主的期望相比，和发达地区政府的支持相比，同玛瑙产业健康发展的需求相比，阜新市政府对玛瑙产业的支持还需要进一步加强。

2010 年 8 月，阜新市将玛瑙产业发展列为阜新经济社会转型发展的"十大产业集群"之一。但此后的"十二五"规划和"十三五"规划中，阜新玛瑙产业再也没有作为一个独立的产业被纳入阜新重点发展的基地或产业当中，仅仅是在旅游业中有所提及，重视程度明显降低。而调查显示，阜新玛瑙产业的经营者也普遍认为阜新市政府对玛瑙产业发展重视不够。例如，只有 46.8% 的被调查者认为阜新市政府对玛瑙产业的发展"非常重视"或"比较重视"，有 33.6% 认为阜新市政府对玛瑙产业的发展的重视程度为"一般"，有近 19.5% 的玛瑙经营人员认为阜新市政府对玛瑙产业发展的重视程度为"不太重视"或"非常不重视"（具体见表 3-27）。

表 3-27　阜新市政府的重视程度

	频数	有效百分比
非常重视	161	24.4
比较重视	148	22.4
一般	222	33.6
不太重视	80	12.1
非常不重视	49	7.4

数据来源：辽宁工程技术大学阜新转型创新发展研究院，阜新市玛瑙店铺经营状况调查，2018.6

调查还显示（具体见表 3-28），从业者认为阜新市政府为玛瑙产业提供的优惠政策不够。其中，认为政府优惠实施政策好的商家有 193 人，占比 29.3%；认为政府优惠政策实施程度"一般"的有 307 人，占比高达 46.6%；而认为政府政策实施程度不好的有 159 人，占比约 24.1%。这说明商家认为政府还是要加大优惠政策的实施力度，增强政府政策的持续支持力度，为阜新玛瑙发展保驾护航。

表 3-28　政府优惠政策实施程度

	频数	有效百分比
好	193	29.3
一般	307	46.6
差	159	24.1

数据来源：辽宁工程技术大学阜新转型创新发展研究院，阜新市玛瑙店铺经营状况调查，2018.6

　　调查还显示（具体见表 3-29），关于阜新市政府对玛瑙产业的资金投入的评价也不高。其中，10.2% 的商家认为阜新市政府的资金投入力度非常强；13.3% 的商家认为阜新市政府的资金投入力度强；两者合计为 23.5%，不到四分之一；44.4% 的商家认为阜新市政府的投资力度一般；16.3% 的商家认为阜新市政府投资力度弱；15.7% 的商家认为阜新市政府投资力度非常弱。可见，仅有大约 25% 的商家对政府资金投入力度比较满意，所以商家认为阜新市政府应加大政府资金投入力度，支持阜新玛瑙产业发展。

表 3-29　政府资金投入力度

	频数	有效百分比
非常强	67	10.2
强	87	13.3
一般	291	44.4
弱	107	16.3
非常弱	103	15.7

数据来源：辽宁工程技术大学阜新转型创新发展研究院，阜新市玛瑙店铺经营状况调查，2018.6

二、阜新玛瑙产业未来发展的风险

　　经过 20 多年的快速发展，阜新市玛瑙产业从默默无闻发展成为世界玛瑙之都，取得了快速发展。但近几年，由于需求侧、供给侧和管理侧等方面的综合原因，阜新玛瑙还存在着不少问题，这些问题如果不能及时地解决，未来发展存在着不小的风险。

（一）总体产品低端化的风险

由于礼品需求迅速下降，玛瑙制品的需求结构发生了重大变化。大型玛瑙雕刻摆件，由于耗费的工时长，选料难，加工费用高，价格昂贵，原来作为贵重礼品现在几乎无人问津；高端战国红玛瑙制品，由于原料稀少，价格昂贵，需求也迅速下降；而小型手把件，由于价格低廉，作为工薪族礼品和纪念品，销量增加。

需求是供给的导向。什么东西好卖，厂家就会生产什么。在市场需求的引导下，阜新玛瑙制品的结构开始逐渐发生变化，雕刻制作工艺精良、文化品位高的高端玛瑙制品供给开始下降，制作工艺粗糙、题材雷同的手把件开始大量产出。而一些玛瑙业主为了生存，开始低价竞争，依靠走量来维持生存，这反过来又导致供给增加，进一步导致价格下降，形成低价格到低质量再到低价格的低水平循环，如此发展下去，阜新玛瑙产业存在高端高品位玛瑙产品被挤出的风险。调查显示（具体见表3-30），从价位与销量的角度，排在第一位的是100-500元价位的产品，占32.3%；排在第二位的是50-100元价位的产品，占29.3%；排在第三位的是50元以下价位的产品，占23.6%。这三个价位总计占85.2%。也就是说，现在的阜新玛瑙销量最好的是500元以下的制品，500元以下价位的产品是什么概念的产品？好一点的手把件的成本都不够，可能就是制作粗糙的手把件，机器成批生产的小挂件、印章等。更为严重的情况是，由于受到经济下行的影响，玛瑙行业受到较大冲击，有相当一部分有较好雕刻技艺的雕刻者放弃玛瑙的设计与雕刻，转为从事玛瑙原石切片以及手镯、装饰牌等做工简单、附加值低的雕刻件的经营。

表 3-30 玛瑙产品销量最好的价位

	频数	有效百分比
50 元以下	156	23.6
50-100 元	194	29.3
100-500 元	214	32.3
500-1000 元	57	8.6
1000-5000 元	22	3.3
5000-10000 元	10	1.5
10000 元以上	9	1.4

数据来源：辽宁工程技术大学阜新转型创新发展研究院，阜新市玛瑙店铺经营状况调查，2018.6

这样价格水平的玛瑙制品是不可能有很好的工艺和文化品位的，调查也印证了这一点。表 3-31 中的数据表明，仅有 28.4% 的商家认为阜新的玛瑙加工水平在国内领先，超过一半的人认为阜新玛瑙雕刻水平比南方差一些或差很多。

表 3-31 阜新本地玛瑙雕刻加工水平

	频数	有效百分比
国内领先	183	28.4
与南方省份差不多	134	20.8
比南方省份差一些	246	38.1
比南方省份差很多	82	12.7

数据来源：辽宁工程技术大学阜新转型创新发展研究院，阜新市玛瑙店铺经营状况调查，2018.6

礼品需求的突然下降，加上玛瑙供给无序竞争，导致玛瑙价格整体下行，成为了低端玉石的代表。调查表明，玛瑙从业人员中有 73.9% 认为玛瑙玉石与其他玉石相比价格偏低。而阜新玛瑙的价位更是在所有玛瑙中处于低位。调查表明，有 75.6% 的玛瑙从业人员认为，阜新玛瑙价位比其他地区偏低（见表 3-33）。可见，阜新玛瑙在全国玛瑙版图中滑向中低端。

表 3-32　玛瑙价格相比其他玉石类价格

	频数	有效百分比
偏低	488	73.9
偏高	56	8.5
持平	116	17.6

数据来源：辽宁工程技术大学阜新转型创新发展研究院，阜新市玛瑙店铺经营状况调查，2018.6

表 3-33　阜新玛瑙价格相比其他地区玛瑙价格

	频数	有效百分比
偏低	497	75.6
偏高	53	8.1
持平	107	16.3

数据来源：辽宁工程技术大学阜新转型创新发展研究院，阜新市玛瑙店铺经营状况调查，2018.6

这种情况如果任其发展下去，阜新玛瑙有从原来文化用品、奢侈品为主的行业逐渐向劣质品下滑的风险，而阜新玛瑙产业一旦在全国玛瑙玉石分工版图中下滑到劣质品低端品的定位分工上，有可能在激烈的地区竞争中被固化到低端位置，这对玛瑙这个产业来说是致命的。因为，随着人们收入水平的迅速提高，人们对奢侈品和高端用品的需求会迅速增加，而对低端劣质品的需求会迅速下降，作为一种玉石的玛瑙，如果不能被定为奢侈品和文化用品，而是被定位为劣质品，即使能够占领全国旅游区所有的低端市场，也不会有什么利润，而且会迅速萎缩。

（二）存在行业整体规模效益进入持续缩减通道的风险

玛瑙作为玉石类产品，本质上属于文化用品和奢侈品，如果阜新玛瑙产业的高端精品玛瑙制品被挤出，总体产品低端化，并且不能及时有效应对，有整个行业整体规模和效益进入持续缩减通道的危险：随着高端精品玛瑙制品被挤出，总体产品低端化，玛瑙产品的总体价格会下降，利润也会随之下降，玛瑙商户为了生存，就会增加产品以弥补价格下降导致的收入下降。而价格是由需求和供给共同决定的，需求没有增加，甚至下降，而供给却在不断增加，供大于求，会导致价格进一步下降；而价格的下降导致收入降低，会进一步逼迫商家提高供给量，并自动降低产品质量，这样就会进入一个价格和质量不断下降的下行螺旋，而阜新的玛瑙产品需求缺乏弹性，价格越低，总的销售收入越低，这会导致整个阜新玛瑙产业的总体规模逐渐萎缩，到了一定程度，有产业崩溃和坍塌的危险。

调查印证了这种担心，阜新玛瑙产业整体规模效益进入持续缩减通道的风险确实是现实存在的。数据表明（具体见表3-34），近5年来，有近70%的玛瑙业主认为阜新玛瑙产品价格总体变动趋势是下降，而且下降幅度很大，其中42.8%认为累计下降了50%以内，21.9%认为累计下降了50%-100%，4.1%认为累计下降了100%以上。

表3-34 玛瑙产品销售价格的总体变化趋势

	频数	有效百分比
上升50%以内	75	11.5
上升50%-100%	24	3.7
上升100%以上	4	0.6
累积下降50%以内	280	42.8
累积下降50%-100%	143	21.9
累积下降100%以上	27	4.1
稳定	101	15.4

数据来源：辽宁工程技术大学阜新转型创新发展研究院，阜新市玛瑙店铺经营状况调查，2018.6

价格下降并没有导致销售量的增加，销售量反而持续下降。调查表明（具体见表3-35），关于近5年玛瑙产品总体销售量的变化趋势，69.2%认为是下降的，有42.4%认为累计下降50%以内，有21.8%认为累计下降50%-100%，有5%认为累计下降100%以上。

表 3-35　玛瑙总体销售量的变化趋势

	频数	有效百分比
上升 50% 以内	69	10.5
上升 50%-100%	30	4.6
上升 100% 以上	6	0.9
累积下降 50% 以内	278	42.4
累积下降 50%-100%	143	21.8
累积下降 100% 以上	33	5.0
稳定	97	14.8

数据来源：辽宁工程技术大学阜新转型创新发展研究院，阜新市玛瑙店铺经营状况调查，2018.6

价格和销售量的同时持续下降，对玛瑙经营者的信心产生了消极影响，玛瑙经营者开始调整自己的经营计划。调查表明，对于 2019 年的经营计划，仅有 20.4% 的经营者表示会扩大经营规模，60.9% 的经营者表示会维持现状，而 15.4% 的经营者表示会收缩，3.3% 的经营者表示要关门停业。这说明，2019 年阜新市的玛瑙产业不容乐观，仅有五分之一的经营者会扩大经营（具体见表 3-36）。

表 3-36　明年的经营计划

	频数	有效百分比
扩张	135	20.4
不变	403	60.9
收缩	102	15.4
关门停业	22	3.3

数据来源：辽宁工程技术大学阜新转型创新发展研究院，阜新市玛瑙店铺经营状况调查，2018.6

玛瑙店铺对中期的经营计划和 2019 年的经营计划预期基本差不多。调查表明（具体见表 3-37），未来两到五年的经营计划，准备扩大经营规模的为 27.5%，维持现有经营规模的为 55.6%，而缩小经营规模的为

13%，关门停业的占 3.9%。

表 3-37　两到五年的经营计划

	频数	有效百分比
扩张	182	27.5
不变	368	55.6
收缩	86	13.0
关门停业	26	3.9

数据来源：辽宁工程技术大学阜新转型创新发展研究院，阜新市玛瑙店铺经营状况调查，2018.6

通过实地访谈和调研发现，阜新市十家子战国红大市场和福光大市场的人流明显减少，开始出现一些摊子外租的广告。鑫维玛瑙城三楼大部分摊点已经不再出摊，二楼新开辟出来的一些精品间还有不少空着，甚至有的店铺办起了饭店。鑫维玛瑙城平时顾客门可罗雀，即使是节假日，顾客仍然非常少。一些玛瑙加工厂关闭，许多玛瑙加工厂已经不养工人了，或者几个玛瑙加工厂合伙养一个工人。一些玛瑙雕刻大师把玛瑙工作室建到山东等省份，从业人员急剧减少，专业人才接续缺乏。

2017 年辽宁工程技术大学的几位老师调研发现，阜新目前从事玛瑙生产和销售的人员较四年前减少40%至50%，从专业人才的培养角度来看，一方面，"师傅带徒弟"被业界公认是培养玛瑙人才的最佳方式，尽管阜新玉雕大师较多，但是他们几乎不再新带徒弟，再加上玛瑙人才培养周期长的特点，专业技术储备人才文化水平较低，比较浮躁，很难长期沉下心来钻研业务的现状，长远来看，玛瑙从业人才面临接续缺乏的困境。另一方面，阜新缺少从事玛瑙文化研究、产品创意、艺术品设计、营销策划的专业人才以及挖掘大师背后产业价值的人才，这也是玛瑙产业提档升级面临的又一瓶颈问题。

2010 年至 2015 年，阜新玛瑙产业产值分别占比 GDP 的 2.1%、2.28%、2.47%、2.89%、3.69%、4.24%。2016 年，全市玛瑙产值达 15 亿元，实现利润大约 1.4 亿元。而与玛瑙产业关联度极高的东海水晶产业年交易额都在 100 亿元以上。① 而课题组本次访谈中感觉到，2017 年和 2018 年的产值有下降趋势，非常令人担忧！

---

① 周志强、于海军、张士学、蒋克：《加快阜新玛瑙创意产业发展的建议报告——基于江苏省东海县水晶产业发展的研究比较》。

第四章
阜新玛瑙产业
转型发展定位

第一节
玛瑙产业发展环境分析

一、消费革命浪潮

进入 21 世纪，人类社会的生产方式和消费观念发生了革命性变化，日本学者三浦展将其称为第四次消费时代。[①] 三浦展认为，自 1912 年起，日本消费分为四个阶段：第一消费时代，是少数中产阶级享受的消费；第二消费时代，乘着经济高速发展的春风，以家庭为中心的消费势如破竹；第三时代，消费的个人化趋势风生水起。而如今，日本已进入第四消费时代，即重视"共享"的社会。

第三消费社会的消费是以物为中心的，但随着人们进入第四消费社会，这个重心将从单纯的物质转移到真正的人性化服务上去。在第四消费社会中，将商品本身神化的信仰已经走向衰退，取而代之的是将物品看作一种手段，从而更加重视通过这种手段所能达成的目的，也就是让自己和什么样的人产生一种什么样的关联。人们已经不是单纯购买物质的消费者，其开始追求人与人之间的关系。在第四消费社会中，对于人类来说重要的不是消费了什么，而是和什么人在一起做了什么。第四消费社会的行动原则：一是把社会全体改变为共享社会；二是鼓励人们逐步贡献出私有物质，促进公共环境的形成；三是培养地方独特的魅力来吸引更多的年轻人，使他们享受地方生活，在地方开展工作；四是尝试从金钱到人情，从经济原理到生活原理的转变。这样，努力培养店铺和人之间的关系也就越

---

① ［日］三浦展：《第四消费时代》，马奈译，东方出版社，2014 年。

发重要起来。

日本的浅田彰等人提出住房公开化，房主向他人开放自家的房子，共同使用。例如，园艺师在自己屋顶开办农园咖啡馆，社区孩子们集中的小型图书馆，占用日式房间两张榻榻米的大学等。只要腾出家中的一部分空间就会产生小小的社团，逐渐会使人们自然而然地和他人共享自己的工作和兴趣爱好。在此会产生第三缘分，这种缘分不是来自于金钱、血缘，而是来自于社会各个领域的人们之间的感情。只要各家各户都能逐渐地开放自己家中的某个地方，这样的家庭所在的城市就会逐渐形成共享型的意识，这样的城市为共享城。可以把能够共享的空房、不用的茶室、庭院等提供给外界人群，使它逐步变为公共空间。日本长野县小布施町开放花园活动，向大众开放花园，引来游客，把个人的庭院活用为观光资源，这有助于增强全市活力。在伦敦有一个"周末伦敦开放花园"，每年9月末伦敦市向市民公开600栋以上的市内建筑，任何人都可以免费参观。

住宅区——产生人际关系的地方。要设计方便居民交流的场所和平台，例如，每栋楼前设计木质踏板供人们休闲。对居民自己的建筑和空间进行简单的改装和设计，一旦有了交流，居民的安心感和安全感也会增强。乡下的居民可以把旧民宅作为"床与早餐"出租给游客，当地的老婆婆可以把亲手做的乡下料理提供给游客，而游客可以帮助老婆婆解决生活上的困难，可以帮助农民和渔民做农活和打鱼。

第四消费时代是以日本社会为范本提出的，但对世界发达国家有普遍意义，也从某个视角展示出中国消费的特点。

改革开放40年来，中国居民的消费也发生了根本变化，多样化、多元化、多层次的全新消费格局正在形成。随着居民人均收入的稳步上涨以及"千禧一代"的迅速崛起，城乡居民正在经历从以往的大规模、同质化、普及型的消费，向多样性、差异化、高品质的新消费转型。

中国黄金珠宝首饰行业的消费特点及由此推动的供给方式都正在发生结构性变革，具体表现为：通过"互联网+"和高新技术的融合与应用，积极创新生产制造和商业运营模式，在智能制造、设计创意、私人订制、线上线下整合营销等方面成效显著；品牌集中度进一步提高，分销渠道寡头格局正在形成；资本市场并购愈发注重优质资产、国际品牌，以及全产业链的战略布局；新技术、新材料的研发不断取得突破，3D 打印首饰、3D 硬金首饰、融合数字技术的可穿戴智能首饰，以及将传统材料与新材料相结合的集成创新首饰等创新型产品不断涌现；注重款式设计的创意性，追求高品质、轻奢风、高频次等新消费形态正在形成……随着中等收入群体的不断壮大，中国市场的消费升级正在对包括黄金珠宝在内的各个传统产业产生着深刻影响，从文化传承、资本并购到人才培养、品牌塑造，从产品创新、尊重设计、鼓励原创，到保护知识产权、复兴传统工艺和匠人文化……当前，中国的黄金珠宝行业正在各个层面褪去过去粗放式的浮躁和快钱理论，从过去单纯的对于规模产出和市场占比的追求，重新回归于对产品品质、艺术品位和品牌格调的追求。现代品牌运作与发展的模式，早已超出原有按部就班的稳定状态，总在颠覆、迭代、革命中前行。新生品牌可能一夜红遍全球，而百年品牌也可能一夜倒掉，"年龄"不再是品牌的优势。国内珠宝市场"轻奢化、个性化"消费升级的趋势，也衍生出许多创新类珠宝品牌，以创新首饰文化品牌"魔吻"为代表，一系列定制、个性、情感类特色品牌纷纷在今年创立，并在传统品牌多年笼罩的大市场下闯出一片天地。这些珠宝品牌往往蕴含了其特有的设计理念、品牌定位及文化元素，获得消费者的认同并产生吸引力，但要想持续，就需要经过长久经营的沉淀和积累。[①]

随着生活水平的逐渐提高，中国礼品行业市场也呈现增长趋势。2013年我国礼品需求规模为 7600 亿元；2014 年我国礼品需求规模为 8450 亿元，同比增长 11.18%；2015 年我国礼品需求规模为 9789 亿元，同比增长 15.85%；2016 年我国礼品需求规模为 10689 亿元，同比增长 9.19%；2017 年我国礼品需求规模为 11529 亿元，同比增长 7.86%。消费礼品中，高端制品（>4000 元 / 件）的消费比例约为 8%，普通高端礼品（2000 元—4000 元 / 件）的消费比例约为 20%，中端礼品（500 元—2000 元 / 件）的消费比例约为 32%，普通礼品（<500 元 / 件）的消费比例约为 40%。所以 500 元以下以及 500—2000 元区间的礼品占据 70% 以上的市场份额，这和消费者的购买力存在一定关系，由于礼品消费占据消费者总体消费的

---

① 吕磊、任心悦、李蒉、马佳、张圆：《2018 中国市场报告：新消费革命已启幕（上）》，http://www.gold.org.cn/hjbindex/tjlm/syds/201803/t20180320_177875.html. 2018 年 3 月 30 日。

比重比较小，导致大部分的消费者只会选择购买价格适中的礼品。①

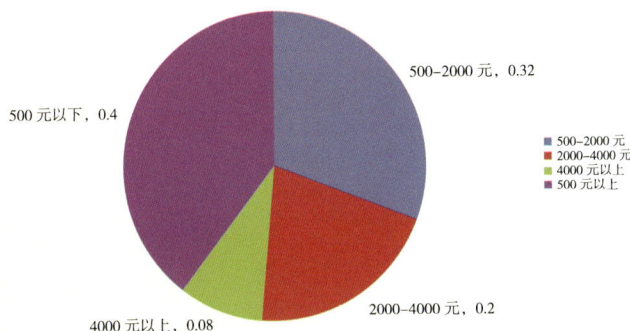

图 1　国内礼品消费结构及占比

二、中国文化影响力全面提升

　　党的十八大以来，国家文化软实力和中华文化影响力大幅提升，文化自信不断彰显，中国不断接近世界舞台的中央，外宣工作处于历史最好时期。中国要保持战略定力，积极主动做工作，真正讲好中国故事、传播好中国声音，为实现"两个一百年"奋斗目标和中华民族伟大复兴中国梦营造良好国际舆论环境，向世界展示真实、立体、全面的中国形象。向世界展现真实、立体、全面的中国形象，宣介优秀传统文化是关键。中华优秀传统文化是中华民族的文化根脉，其蕴含的思想观念、人文精神、道德规范，不仅是我们中国人思想和精神的内核，对解决人类问题也有重要价值。讲好中国故事，传播好中国声音，就是要讲清楚中华文化积淀着中华民族最深沉的精神追求，是中华民族生生不息、发展壮大的丰厚滋养；讲清楚中华优秀传统文化是中华民族的突出优势，是我们最深厚的文化软实力。把优秀传统文化的精神标识提炼出来、展示出来，把优秀传统文化中具有当代价值、世界意义的文化精髓提炼出来、展示出来，我们就能推动

---

① 千讯（北京）信息咨询有限公司 WEB：《中国玛瑙市场前景调查分析报告》2018 资深版，www.
qx365.com / www.qianinfo.com.

中华优秀传统文化走出去，实现中华文化扎根全球、造福人类的目标。①因此，习近平同志 2018 年 8 月 21 日在全国宣传思想工作会议上的重要讲话中提出，要不断提升中华文化影响力，把握大势、区分对象、精准施策，主动宣介新时代中国特色社会主义思想，主动讲好中国共产党治国理政的故事、中国人民奋斗圆梦的故事、中国坚持和平发展合作共赢的故事，让世界更好地了解中国。中华优秀传统文化是中华民族的文化根脉，其蕴含的思想观念、人文精神、道德规范，不仅是我们中国人思想和精神的内核，对解决人类问题也具有重要价值。要把优秀传统文化的精神标识提炼出来、展示出来，把优秀传统文化中具有当代价值、世界意义的文化精髓提炼出来、展示出来。要完善国际传播工作格局，创新宣传理念、创新运行机制，汇聚更多资源力量。

三、突破辽西北战略

阜新市、铁岭市、朝阳市地处辽宁西北部地区，由于历史和现实原因，这三座城市的经济社会发展具有某些共性特点，通常被称为辽西北地区。辽西北地区相对于辽宁其他地区，工业化和城镇化水平较低，综合实力和竞争力弱；开放程度不高，外向型经济规模小；资源型城市接续产业发展缓慢，经济转型任务艰巨；城乡居民生活水平比较低，社会保障和就业压力大；资源环境承载力仍然脆弱，可持续发展能力有待加强。

为了实现辽宁区域均衡发展，破解辽西北地区发展难题是关键。2008年 11 月 13 日，中共辽宁省委、辽宁省人民政府下发关于实施突破辽西北战略的若干意见（辽委发〔2018〕19 号），决定举全省之力，加大对辽西北地区的支持力度，提高内生动力，增强"造血"机能，促进辽西北地区实现跨越式发展，确保主要经济指标增速持续较大幅度超过全省平均水平，确保人民生活质量和水平显著提高，确保生态环境建设取得明显成效，为早日实现辽宁老工业基地全面振兴提供重要支撑。力争经过五年努力，辽西北地区经济社会发展实现重大突破。主导产业形成规模，经济实力明显增强，人民生活水平显著提高，生态环境进一步改善，城乡面貌大

---

① 沈申：《展形象，讲好中国故事，提升中华文化影响力》，http://opinion.people.com.cn/n1/2018/0828/c1003-30254805.html. 2018 年 8 月 28 日。

为改观，阜新市经济转型试点工作取得突破性进展。

2015年1月16日，《辽宁省人民政府关于进一步深入实施突破辽西北战略的意见》（辽政发〔2015〕4号）下发（简称《意见》），《意见》提出，要以改革开放为动力，加快建立权力清单、责任清单、负面清单，充分发挥市场对资源配置的决定性作用，抢抓国家新一轮东北老工业基地振兴战略机遇，主动对接"一带一路"、京津冀协同发展战略，激发市场活力和内生发展动力。要充分发挥辽西北地区的资源优势和后发优势，坚持从实际出发，自觉按客观经济规律办事。要统筹兼顾，举全省之力，全面动员，全力以赴，充分体现对辽西北地区的支持、帮助和优惠。辽西北地区要发扬自力更生、艰苦奋斗的精神，切实把增强辽西北地区干部群众主观能动性同全省各方面的支持结合起来。

《意见》提出，"十三五"期间，突破辽西北战略的重点任务是：推进基础设施建设，继续优化投资环境；推进现代农业和重点产业集群建设，促进经济结构战略性调整；推进生态环境保护，着力实现绿色发展；积极探索资源枯竭型城市转型发展新路子，促进可持续发展；推进民生建设，提高人民生活水平。

《意见》提出，加快服务业集聚区建设。支持加快开发辽西北地区文化旅游资源，大力发展文化旅游产业及现代物流、科技服务、商务服务等生产性服务业。依托丰富的特色文化资源，发展特色文化产业。支持阜新市海州中央商贸商务集聚区、温泉旅游度假区，铁岭市东北城物流产业集聚区、凡河生态旅游谷集聚区、东北参茸中草药材商贸流通集聚区，朝阳市龙城现代服务业集聚区、凤凰文化旅游集聚区等重点服务业集聚区建设。加大工业园区扶持力度，用于重点工业园区基础设施建设的省本级专项资金每年不少于3亿元。对产业政策鼓励、符合有关条件的入住园区企业，优先安排用地指标。

《意见》提出，要积极探索资源型城市转型发展新路子，推动接续替代产业发展。按照"同等优先、适当放宽"原则，对资源型城市的接续替代产业项目，优先安排专项补助资金，优先提供贷款支持。在重大项目规划和布局上，对资源型城市给予重点倾斜，促进资源型城市可持续发展。争取国家在阜新市及北票市开展资源型城市可持续发展试点，健全资源开发补偿机制和利益分配共享机制。组织实施资源枯竭城市吸纳就业产业重点培育工程，支持阜新发展皮革、树莓等劳动密集型产业。继续加大省级财政资金对辽西北地区地质勘查投入，积极争取国家资金对辽西北地区地质勘查投入。省直各有关部门在制定发展规划和政策时，要充分体现对辽西北地区的支持。农业、工业、服务业、财政、外贸、土地、社会保障、教育、科技、文化、卫计、环保、住建、民政、交通等专项补助资金要向辽西北地区倾斜。

《意见》提出，加强沈阳与阜新、大连与朝阳、鞍山与铁岭之间市级对口帮扶工作，扩大合作层次和范围，加大资金、人才、技术支持力度，并开展干部对口挂职交流，互派机关干部和专业技术人员。推动锦州、营口、盘锦等沿海港口城市与辽西北腹地之间协同发展；推动抚顺、本溪、辽阳等沈阳经济区城市与辽西北地区加强产业协作。阜新、铁岭继续享受沈阳经济区政策，朝阳享受沿海经济带政策。

四、阜新资源型城市转型

阜新是中国最典型的资源型城市。早在2001年12月，阜新就被国务院确定为全国第一个资源型城市经济转型试点市，从而开启了全国资源型城市转型的序幕；2008年阜新市又被国务院确定为全国第一批资源枯竭城市；2012年阜新市又被国务院确定为全国资源衰退型城市。国家对阜新市转型寄予厚望，国家在确定阜新经济转型试点的文件中明确指出："要通过辽宁阜新经济转型试点工作，分析资源枯竭型城市存在的共性问题，研究制定经济转型的根本措施和相关政策，探索一条符合中国国情的资源枯竭型城市经济转型的路子。"

资源型城市是以本地区矿产、森林等自然资源开采、加工为主导产业的城市（包括地级市、地区等地级行政区和县级市、县等县级行政区）。资源型城市作为我国重要的能源资源战略保障基地，是国民经济持续健康发展的重要支撑。促进资源型城市可持续发展，是加快转变经济发展方式、实现全面建成小康社会奋斗目标的必然要求，也是促进区域协调发展、统筹推进新型工业化和新型城镇化、维护社会和谐稳定、建设生态文明的重要任务。我国有262座资源型城市，这些城市能否实现可持续发展对中国发展举足轻重。

我国非常重视资源型城市可持续发展，2013 年 11 月 12 日国务院印发了《全国资源型城市可持续发展规划（2013–2020 年）》。规划明确提出，要支持衰退型城市转型发展。衰退型城市资源趋于枯竭，经济发展滞后，民生问题突出，生态环境压力大，是加快转变经济发展方式的重点难点地区。应着力破除城市内部二元结构，化解历史遗留问题，千方百计促进失业矿工再就业，积极推进棚户区改造，加快废弃矿坑、沉陷区等地质灾害隐患综合治理。加大政策支持力度，大力扶持接续替代产业发展，逐步增强可持续发展能力。

五、行业相关政策

我国政府为鼓励和发展珠宝玉石首饰行业，先后出台了不少政策措施。2000 年 10 月，上海钻石交易所正式成立；2002 年 10 月，上海黄金交易所正式运行；2003 年 5 月，中国人民银行停止执行包括黄金制品生产、加工、批发、零售业务在内的 26 项行政审批项目，标志着黄金、白银等贵金属及其制品从管理体制上实现了市场的全面开放；2003 年 8 月，铂金正式在上海黄金交易所挂牌交易。同时，税收政策方面，也针对钻石、黄金及铂金等出台了一系列税收调整措施，包括通过黄金交易所的黄金交易的增值税实行即征即退，通过上海钻石交易所进口的钻石免征进口关税等。

为培育和规范珠宝玉石首饰市场，国家相继制定了一系列标准和规定，如《珠宝玉石名称》《珠宝玉石鉴定》《钻石分级》《金银饰品标识管理规定》以及《首饰贵金属纯度的规定及命名方法》等，各省市也制定了多项办法、标准。这为中国珠宝首饰企业规范发展和参与国际竞争奠定了良好基础。

在黄金和钻石的进口税收政策方面，国家也给予优惠，对进口黄金（含标准黄金）和黄金矿砂（含伴生矿）免征进口环节增值税，对从上海钻石交易所销往国内市场的毛坯钻增值税全免，成品钻石进口环节增值税实际税负超过 4% 的部分由海关实行即征即退，在产业政策上给予珠宝首饰行业以极大的支持。[1]

　　由于政策支持，我国工艺品曾经是传统出口产品，制作精美且成本低，能迎合潮流，所以在欧美一直有广阔市场。中国工艺品内容丰富多彩，形象生动有趣，价格低廉，在国外广受欢迎。但目前我国工艺品制造业的工艺发展过程当中出现了升级优化的速度过慢的问题。[2]

[1] 千讯（北京）信息咨询有限公司 WEB：《中国玛瑙市场前景调查分析报告》2018 资深版，www.qx365.com／www.qianinfo.com.

[2] 占超群：《中国传统工艺品海外营销策略研究》，《中国市场》，2009 年第 44 期。

第二节
玛瑙行业趋势分析

一、世界玛瑙行业发展趋势

据世界知名珠宝行业人士判断，玛瑙的价格会不断上升。稀土矿业有限公司（Rare Earth Mining Co.）首席执行官比利·赫海尔（Bill Heher）认为，全世界的设计师和金匠对各种玛瑙的需求都将持续上涨，而玛瑙的供应并不持续，因为很多地区都是手工开采玛瑙，而且只有在当地开采季节才会去开采。克拉姆贝壳（The Clam Shell）珠宝经销商负责人马克·拉萨特（Mark Lasater）认为，近些年的消费者更倾向于纯天然、未经任何加工处理的宝石。"罕见的、独特的和纯天然的宝石是消费者永远的追求。""事实上，玛瑙有很多颜色，特别是那些色泽特别浓郁鲜亮的，非常受设计师和收藏家的喜爱。其中最好的颜色样本通常直接被作为一种矿物系列收藏起来，而并不会被切割。"拉萨特认为，对于玛瑙来说，其外形是决定其价格的主要因素，玛瑙内部存在的夹杂物，像是场景和树枝状，都会对其价格产生很大的影响。现在在互联网的助推下，玛瑙的价格一直在上涨。品质好、成色佳的玛瑙价格会比五到十年前的价格翻一到三倍，在接下来的几年里，高品质、颜色纯正的天然玛瑙只会变得越来越贵，对这类原材料的需求也只会持续上涨。因为越来越多的人开始认识到玛瑙的价值所在，玛瑙的供给将会供不应求，面临资源枯竭。[①]

阜新市是亚洲最大的玛瑙市场，阜新市玛瑙原石价格的变化在某种程

---

① 布雷肯·布兰斯特拉托尔：《高品质玛瑙价格将继续上涨》，蒋子清译，《中国黄金报》，2015年11月6日。

度上可以代表世界玛瑙原石价格变化的风向标。调查表明，关于玛瑙原石最近 5 年来价格的变化趋势，认为玛瑙原石价格上升的人数最多，占比59%，认为玛瑙原石价格下降人数占比 26.3%，认为玛瑙原石价格稳定的人最少，占比 14.7%。可见，认为玛瑙原石价格上升的人数明显多于其他两种看法（具体见表 4-1）。

表 4-1　玛瑙原石价格整体变化趋势

原石价格变化趋势	频数	有效百分比
上升	384	59
稳定	96	14.7
下降	171	26.3

数据来源：辽宁工程技术大学阜新转型创新发展研究院，阜新市玛瑙店铺经营状况调查，2018.6

从表 1 可以看出，关于玛瑙近 5 年价格变化趋势有 3 种不同的声音，我们对争议出现的原因进行了分析。由表中数据分析可知，我们的调研对象是玛瑙店铺，其中有自己加工厂的店铺经营者占 71.1%，有 28.9% 的店铺无自己加工工厂（具体见表 4-2），他们只销售玛瑙，不做玛瑙的加工工作，也不采购原石，故他们不了解原石价格变化趋势，并且在有自己玛瑙工厂的经营者中，加工厂人数在 7 人以下的占绝大多数，为 87.5%，加工厂人数在 7—10 人的仅占 7.2%，加工厂人数在 11 人以上的占 5.3%（具体见表 4-3），规模小的工厂占主要部分，虽然大部分人有自己的玛瑙加工厂，但很大一部分的规模都比较小，人数少、规模小的店铺对玛瑙原石价格变化趋势的判断也是不准确的。

表 4-2　是否拥有加工厂统计资料

是否拥有加工厂	频数	有效百分比
是	472	71.1
否	192	28.9

数据来源：辽宁工程技术大学阜新转型创新发展研究院，阜新市玛瑙店铺经营状况调查，2018.6

表 4-3　加工厂人数统计资料

加工厂人数	频数	有效百分比
3 人及以下	285	68.7
4–6 人	78	18.8
7–10 人	30	7.2
11–15 人	12	2.9
15 人以上	10	2.4

数据来源：辽宁工程技术大学阜新转型创新发展研究院，阜新市玛瑙店铺经营状况调查，2018.6

　　于是我们对数据进行了筛选，筛选掉了不了解原石价格变化的数据，保留了有自己加工工厂并且工厂规模比较大的数据并进行了分析。此次保留的数据有一定的专业性，分析发现仍然有 59.1% 的人认为玛瑙原石价格上升，认为玛瑙原石价格下降的人仅占 31.8%，只有 9.1% 的人认为玛瑙原石价格稳定，大多数加工工厂规模较大的店铺认为原石价格上升，由此说明玛瑙原石价格是上涨的（具体见表 4-4）。并且查阅资料得知，国外的原石储备还算丰富，可以说是需求拉动了原料的上涨，这种需求是国际化的需求，而我国是需求的主力军。进而初步推断，我国的玛瑙原石市场需求量没有萎缩，可能还有增长的趋势。

表 4-4　玛瑙原石价格整体变化趋势（数据筛选后）

	频数	有效百分比
上升	13	59.1
稳定	2	9.1
下降	7	31.8

数据来源：辽宁工程技术大学阜新转型创新发展研究院，阜新市玛瑙店铺经营状况调查，2018.6

二、中国珠宝玉石首饰行业发展趋势

　　据中宝协初步统计，2017 年我国珠宝玉石首饰行业销售规模已达

5500亿元，市场经过前几年的调整出现触底回升，实现温和增长，呈高品质及文化内涵发展态势。消费结构方面，富裕阶层的崛起，人口结构的变迁驱动消费需求多元化、个性化，珠宝品类消费逐步改变黄金、钻石独占市场的局面，转向宝玉石等多元化发展，K金、钻石镶嵌、宝玉石类等更具个性与特色的珠宝产品呈上升趋势，促成消费升级。据研究，黄金首饰占珠宝首饰消费总量的58%，钻石约占15%，宝玉石占15%左右且呈上升趋势。从细分市场看，目前刚需市场稳定，个性需求、随机性消费打开增量市场。渠道方面，一线城市珠宝消费高端化、品质化、多元化，三、四线市场黄金仍占主角，电商珠宝消费、新零售等新理念轮番登场，个性化、时尚化、定制呈崛起之势。

2017年，黄金价格企稳和有色金属价格的回升，经黄金珠宝行业上、中、下游共同努力，继续积极采取措施，应对金价仍处低位的不利局面，进一步实现稳中求进的目标。2017年，全国黄金消费量将连续5年保持世界第一位。据中国黄金协会最新统计数据显示，2017年，全国黄金实际消费量1089.07吨，与去年同期相比增长9.41%。其中，黄金首饰696.50吨，同比增长10.35%；金条276.39吨，同比增长7.28%；金币26吨，同比下降16.64%；工业及其他消费量为90.18吨，增长19.63%。黄金首饰、金条销售和工业用金量继续保持增长趋势，仅金币销售量出现了下跌。2017年，随着国内高端消费的持续复苏及二、三线城市消费需求的崛起，国内黄金首饰销售继续回暖。同时，受房地产、证券市场等金融市场波动的影响，实物黄金投资产品需求增加。黄金以其"贮藏财富"和"保值增值"的功能被越来越多的人长期看好，黄金已经成为机构和个人理财策略不可或缺的一部分。

物以稀为贵，珍贵的东西总是人们追逐的热点，珠宝玉石投资一直是人们追逐保值的一种方式，相对金银，投资翡翠、钻石的人相对较少，但随着人们投资意识的加强，同时玉石资源的不可再生性，越来越多人发现了玉石的投资价值，玉石投资前景被非常看好。在另一个方面，玉石作为饰品也成了中高档市场的消费主流，尤其是年纪偏长的女性消费群体，更多地偏好翡翠饰品。

总体上来说，珠宝玉石的需求是不断增长的，但是玉石资源却跟不上需求的增长，这么多年来，全球许多著名玉石资源矿已经被大量开采，有些甚至已经开始面临枯竭的窘境，并且新矿的开采难度加大。目前的情况是，市面上高品相的玉石相对少见，基本上已供不应求了。由此我们不难预料，在未来的一段时间内，玉石的价格趋势是稳步上升的，玉石资源不仅具有稀缺性，也具有明显的垄断性。[1]

三、中国玛瑙行业发展趋势

目前，我国玛瑙行业市场需求增速较快，行业规模处于不断壮大的过程中，行业供给能力不断增强，行业正处于成长期阶段。随着社会经济的发展，人们物质文化生活水平的不断提高，一种新的爱好——赏石、玩石、藏石形成时尚和热潮，石头的奇妙吸引了越来越多的人进入市场。

据新疆和田玉市场联盟发布的《新疆和田玉（白玉）籽料 2014 年三月标准单位价值行情参考范围》，和田玉籽料规格为原重量 20 克以下的，每克单价仍在 1 万至 2 万元之间的高位。2018 年 5 月以来，由于缅甸原石供给持续紧缩，翡翠价格再次上扬，如今几十万元的购买价格在翡翠市场已经很普遍。在不断的热炒下，翡翠、和田玉等奇石的价格步入云端，不少潜在买家只能望而却步。由于当前翡翠、和田玉这两种高档玉种的价格虚高，价格排在翡翠、和田玉之后的玛瑙开始为人们关注。沉寂很久的戈壁瑰宝、佛家七宝之一的玛瑙在近几年迅速被人们所关注，其中尤以南红玛瑙受到的关注度最高。南红玛瑙在清乾隆年间被用作朝珠，质地温润，产量稀少。有着讨喜的红色外表的南红玛瑙在近五年间行情持续走高，价格在五年间疯涨百倍。当前南红玛瑙，在奇石收藏市场已经与和田玉、翡翠形成三足鼎立之势。暴涨后南红玛瑙价格直逼和田玉与翡翠。随着南红玛瑙的走红，沉寂多年的玛瑙家族其他成员如战国红玛瑙、戈壁玛瑙、绿玛瑙、葡萄玛瑙等渐渐热了起来。价格低、质地好、品种多的玛瑙正展现出它种种平民化的优势，越来越多的人开始发现玛瑙独特的美，通

---

[1] 千讯（北京）信息咨询有限公司 WEB：《中国玛瑙市场前景调查分析报告》2018 资深版，www.qx365.com / www.qianinfo.com.

过购买玛瑙来进行文化消费。①

2013 年，我国玛瑙行业市场规模约为 83.24 亿元；2014 年，我国玛瑙行业市场规模约为 90.29 亿元，同比增长 8.46%；2015 年，我国玛瑙行业市场规模约为 99.48 亿元，同比增长 10.18%；2016 年，我国玛瑙行业市场规模约为 109.53 亿元，同比增长 10.11%；2017 年，我国玛瑙行业市场规模约为 119.87 亿元，同比增长 9.44%。从 2013—2017 年我国玛瑙市场规模的变动趋势来看，其大致呈线性增长方式，千讯（北京）信息咨询有限公司对我国玛瑙市场规模进行拟合，得到我国 2018—2022 年玛瑙市场规模增长拟合公式，$y=9.2505x+72.732$，$R^2=0.9994$，说明可信度较高，结合行业发展趋势，预测出到 2022 年我国玛瑙行业市场规模将达到 165.24 亿元，未来市场前景广阔。②

高端低端市场分割明显，高端市场一路高歌猛进，低端市场开始走下坡路。高端市场，精品的原石材料越来越少，再加上高端市场的消费人群也在不断扩大，导致高端市场供需不平衡，供不应求。低端市场正好相反，各种边角料、废料、差料，甚至假料被加工成成品流入市场，导致低端玉石市场产能过剩。未来要在提升玛瑙的价值，增加设计及工艺感，拓展高端市场的同时，也促进低端市场向中端市场迈进，合理化利用，解决低端市场的产能过剩问题。随着经济的发展，以及消费水平的提高，消费者艺术欣赏能力的提升，未来伴随着消费理念的理性回归，功用化以及个性化的需求将是市场消费的热点，玛瑙生产企业需要开拓思路，拓展产品链条，提升产品品质，赋予产品文化特性，以求提升消费意愿，扩大消费群体，拓展销售渠道，促进产业的健康持续发展。南红玛瑙价格走势：在 2009 年和 2010 年，南红原石在四川和云南还都是按斤定价，四川凉山南红原石价格每公斤在十元至百元间，可如今价格已经上涨十倍不止。去年，南红更是迎来了价格顶峰，精品的云南保山南红原石价格每克甚至高

① 千讯（北京）信息咨询有限公司 WEB：《中国玛瑙市场前景调查分析报告》2018 资深版，www.qx365.com / www.qianinfo.com.
② 千讯（北京）信息咨询有限公司 WEB：《中国玛瑙市场前景调查分析报告》2018 资深版，www.qx365.com / www.qianinfo.com.

达 1000 元至 2000 元。[①]

　　不同档次的玛瑙有不同的魅力。质纯色正的高档玛瑙在保值与装饰两个方面都出类拔萃，通过能工巧匠的精心设计与完美雕琢会使它身价倍增；中档玛瑙价格适中，对于中产阶层来说是物有所值的最好选择；而低档玛瑙以其天然的本质、缤纷的色彩和巧妙搭配，满足了许多工薪层女性的需求，具有一定的市场发展潜力。

　　消费主流品位拥抱自然。在世界"环保风"的吹拂下，厌倦了忙碌都市生活的现代人开始拥抱自然，玛瑙的消费潮流也随之迎来了大变革，设计师们把时尚的品位与天然之物完美融合在一起，形成一股强大的时尚自然风。

　　崇尚原生态的保健作用。古医书记载，玛瑙有"除中热，解烦懑，润心肺，助声喉，滋毛发，养五脏，安魂魄，疏血脉，明耳目"等疗效。在这个快节奏的社会里，不少人在身体和精神上承受着许多有形无形的压力，玛瑙的保健作用使玛瑙制品备受消费者青睐。

　　成套宝饰颇受欢迎。成套设计、加工、发售的玛瑙风格多样，与服装、化妆搭配，整体的感觉协调，散发时尚大方的高贵气质。既可整套一起使用，又可拆单佩戴，方便实用。成套设计的珠宝在其他国家也极受欢迎，其中中低档玛瑙组合饰品最受消费者欢迎。[②]

① 千讯（北京）信息咨询有限公司 WEB：《中国玛瑙市场前景调查分析报告》2018 资深版，www.qx365.com／www.qianinfo.com.
② 千讯（北京）信息咨询有限公司 WEB：《中国玛瑙市场前景调查分析报告》2018 资深版，www.qx365.com／www.qianinfo.com.

第三节
阜新玛瑙产业转型发展定位

一、阜新市转型接续替代主导产业

阜新是国务院确定的全国第一个资源型城市经济转型试点市。资源衰退型城市转型关键是发展接续替代产业。阜新的玛瑙产业应该作为阜新转型接续替代的主导产业，在阜新转型中发挥重要作用。

（一）内生产业，产业根基深厚

阜新玛瑙资源丰富，早在 8000 多年前就有先人在阜新地区加工和使用玛瑙，并不断发展拓展，到清朝已经是远近闻名的玛瑙开采加工中心。据《清实录》载，乾隆年间阜新市的十家子地区"开挖窑洞十六，窑工千人，南麓设有商邑"。相传，清代宫廷所用玛瑙饰物及雕件其取材多出于此。中华人民共和国成立后，成立了阜新市玛瑙玉器厂，主要为北京玉器厂配套加工，产品主要出口创汇。1974 年，根据周恩来总理指示，用阜新玛瑙料雕成的玛瑙作品《水帘洞》被收藏在中国国家博物馆。改革开放后，阜新玛瑙玉器厂转制，大批职工下海经商，自主经营，民营玛瑙加工作坊开始遍布城乡，有人形容当时的玛瑙加工为"村村点火，户户冒烟，人人加工玛瑙"，产品开始销往全国各地。

2001 年，阜新被国家确定为全国资源枯竭型城市经济转型试点市，市委、市政府将玛瑙加工业列为阜新转型振兴的特色产业之一，阜新玛瑙产业开始快速发展。在"十一五"期间，阜新将玛瑙产业作为重点培育的十大产业集群之一，加强政府引导，壮大龙头企业，加大招商引资力度，把阜新建设成为全国玛瑙集散中心、玛瑙加工中心、玛瑙文化中心和玛瑙信息中心作为产业发展定位。到 2005 年全国玛瑙产品销售额实现 5 亿元，阜新占了一半，从业人数达到 4 万人。阜新已经成为全国最大的玛瑙交易中心和集散地。而据推算，阜新玛瑙资源储量占到全国的 50%。[①] 历史和现实的发展已经证明，玛瑙产业是阜新的内生产业，根植于阜新的历史文化、资源禀赋和现实条件，是阜新这片土地自己顽强生成的产业，根深叶茂，非常适应阜新的产业环境。

（二）关联产业，带动作用较强

玛瑙产业关联性非常强，可以带动文化创意产业、物流产业、包装产业、旅游产业、农业畜牧业、林果业和教育产业的发展。尤其是以玛瑙加工体验购买等为核心内容的旅游产业，可以极大带动阜新市的特色农产品、畜牧产品、白酒等产业的发展。

（三）劳动密集，绿色生态环保

玛瑙产业是一个劳动密集型产业。加工和销售玛瑙，不需要大量的初期资本投入，加工设备非常便宜，更不需要大量的厂房，人力资源是主要的投入。玛瑙产业也非常生态环保，现在的玛瑙制品崇尚绿色天然，不需要进行化学染色，也不会产生大量的固体废料，主要是对玛瑙的创意设计和物理加工，而现在的水草玛瑙、马达加斯加海洋玉髓，许多制品只需要切割和打磨就可以依靠其天然图案成为高档艺术品。玛瑙产业的这些特点非常适合阜新这样的资源枯竭型城市，因为阜新缺水，容纳污染的能力差，资本匮乏，但人力资源非常丰富。

（四）全产业链，建设产业生态

作为阜新市主要接续替代产业的玛瑙产业，需要拉长产业链，从原石开采、进口交易、文化创意设计、雕刻加工、销售、展览及相关衍生品等，所有和玛瑙产业相关的产业都要做，进而迅速扩大玛瑙产业规模体量，形成全国甚至全世界最全产业链的玛瑙中心，从"玛瑙资源"转变为"玛瑙产业生态系统"，成为名副其实的"世界玛瑙之都"，这样才能对阜新市的发展有足够的支撑作用。江苏省东海县发展水晶产业，和阜新市几乎同时起步，发展起点和条件基本相似，现在已经把水晶产业规模做到百

① 徐扬：《阜新大力发展玛瑙产业顺利完成经济转型工作》，http://www.gov.cn/jrzg/2006-07/24/content_344071.htm. 2006 年 7 月 24 日。

亿以上。以阜新玛瑙产业的基础和条件，完全有实力有条件在三到五年内做到百亿以上的规模，成为阜新市最重要的支撑产业。

二、突破辽西北战略重要引领产业

实施突破辽西北战略，辽西北三个城市应该立足区域优势和特色，采取整合协调策略，实现辽西北三市产业发展协调共生。尤其是阜新市与朝阳市，同处辽宁西部，相互毗邻，经济结构、产业特点、文化特色、旅游资源等具有非常强的相近性，应该统筹规划，打造一个统一的跨市的区域性玉石化石产业，并以此带动辽西及蒙东特色农牧产品、特色餐饮等相关产业发展，成为突破辽西北战略的重要引领产业，这既符合辽西北的地域资源环境约束和产业优势，也符合辽宁省委、省政府关于突破辽西北的战略要求和辽西北在辽宁区域发展版图中的战略安排。

阜新市玛瑙资源丰富，储量占全国储量的一半左右，同时也是亚洲最大的玛瑙市场。阜新市历史文化悠久，查海出土世界第一玉和华夏第一龙，被誉为"玉龙故乡，文明发端"。朝阳市是玛瑙中的极品战国红玛瑙的产地，拥有世界上系统最完整的"热河生物群"珍奇的古生物化石资源，被誉为"世界上第一朵花盛开和第一只鸟飞起的地方"和"世界古生物化石宝库"，也是把中华文明史提前了 1000 多年的红山文化的所在地。阜新和朝阳两市地理上紧紧毗邻，两个市区相距仅 100 多公里，都盛产小米等杂粮，都有品质非常好的牛羊肉等畜牧产品。完全可以把两座城市的玛瑙产业资源和文化资源整合形成世界石文化产业聚集区，共同打造世界化石之都和世界玛瑙之都的辽西双都，在全世界叫响"世界上第一块玉加工的地方、第一只鸟起飞的地方、第一朵花盛开的地方、第一条龙出现的地方"，打造"到文化辽西，看亿年古画"文化游。同时，用玛瑙产业带动旅游业，进而带动农产品和畜牧产品销售。

三、传播中华优秀文化的文创产业

玛瑙和翡翠、和田玉等其他玉石一个明显的区别是玛瑙里面有众多的包裹体，这些包裹体由于大自然的鬼斧神工形成了一些色彩斑斓、形象生动、意境优美的图案，这些图案与中华文化高度契合，令人叹为观止！

　　阜新出产的水草玛瑙，大自然亿万年的神奇造化造就了其中大量的类似水草的包裹体，不但颜色千变万化，而且姿态万千。有的像静立孤寂的秋日残荷（如图4-2），有的像迎风傲雪的梅花（如图4-3），有的像碧绿的波涛（如图4-4），有的像河里油油的婀娜水草（如图4-5）……

　　朝阳北票出产的战国红玛瑙，至2015年6月10日为止在宝石学上被定义为红缟玛瑙的一种，其与战国时代出土文物的一些玛瑙饰物同料，而此料先秦时期被称为赤玉，因此被称为战国红。战国红的色彩以艳丽的红色和黄色为主，完美诠释了中国文化中尊贵喜悦的氛围和儒家文化：黄为尊，红为贵，色多而不杂谓之君臣分明，此曰"君臣之纲"。缟纹幻化无常，水线穿梭其中，此曰"无常之道"。光华内敛，华而不张，乃玛瑙中君子者也（如图4-6、图4-7）。

　　2010年以后才漂洋过海来自非洲岛屿马达加斯加的海洋玉髓玛瑙更是神奇，其中的一些冰料，在温润透明的玉髓中蕴藏着一些立体的极富中国特色的山水画甚至中国文字，还能找到绝美唐诗宋词意境，这些山水画意境优美，立体丰富，能找到郑板桥的枝叶关情（如图4-8），书法大家汉字书法的灵动鲜活（如图4-9），中国翰墨在宣纸上行走留下的痕迹（如图4-10），从远古走来的风姿绰约的青花瓷片（如图4-11），春江水暖鸭先知（如图4-12）和风雨夜归人（如图4-13）的绝美意境更能把我们带到唐诗宋词的绝妙境界，仿佛把中国水墨画神韵封藏在这上亿年前形成的玉石中，似乎更体现出中国水墨画和文字与大自然冥冥中的不解之缘。

　　产自南美神秘国度巴西的玛瑙，里面或有夕阳中静静矗立的佛教金塔（如图4-14），或有层层叠叠的沙漠古城（如图4-15），或有形神兼备的动物（如图4-16、17）……体现了神秘的宗教文化、大漠风光和世间百态。

　　这些玛瑙经过简单的切割、抛光和打磨，就可能成为传播中华优秀文化的载体，而玛瑙经过素活、巧雕等加工后，和中华优秀传统文结合起来，更是成为精彩绝伦的艺术品。所以，玛瑙产业是一个地地道道的文化创意产业，是一个非常难得的承载和传播中华文化的文化创意产业。

　　自2002年党的十六大提出"文化事业"与"文化产业"的两分法以来，文化创意产业发展已经提升到国家发展战略的高度，并在国家政策导向下遍地开花。国家"十二五"规划明确提出，要推动文化产业成为国民

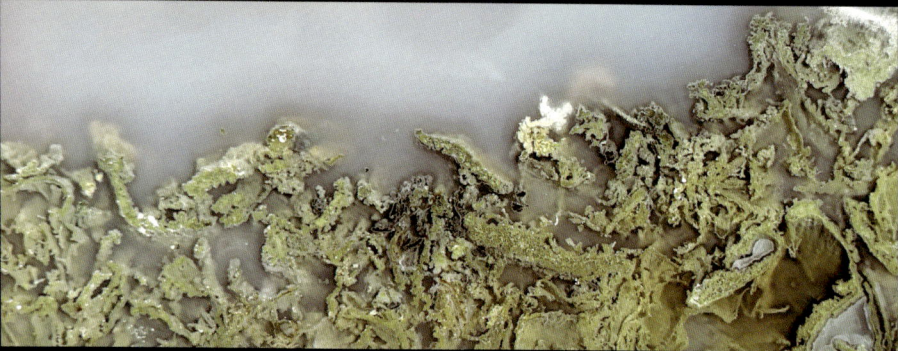
图 4-2
秋日残荷

图 4-3 红梅赞

图 4-4 春潮

图 4-5 黄绿水草

图 4-6
战国红玛瑙:
富贵喜庆

图 4-7
小老虎

图 4-8 衙斋卧听潇潇竹——郑燮

图 4-9 埋头苦干

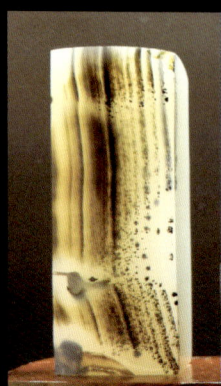
图 4-10 水墨与宣纸的

图 4-11　青花瓷

图 4-12　春江水暖鸭先知

图 4-13　风雪夜归人

图 4-14　金塔

图 4-15　沙漠古城

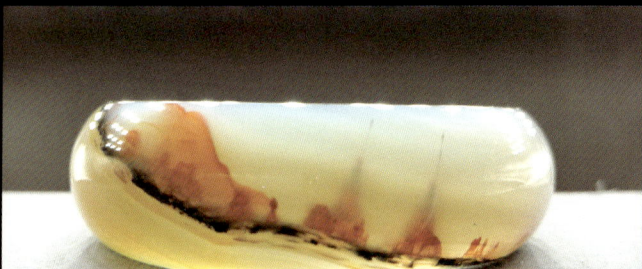

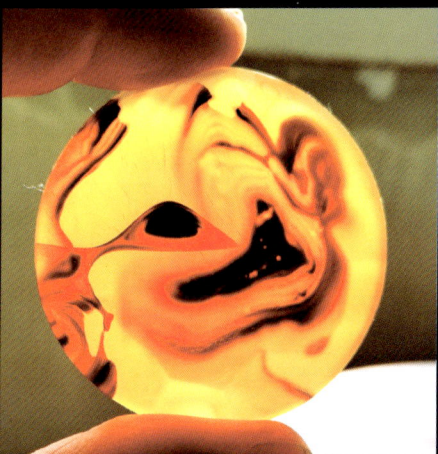
图 4-16　恐龙

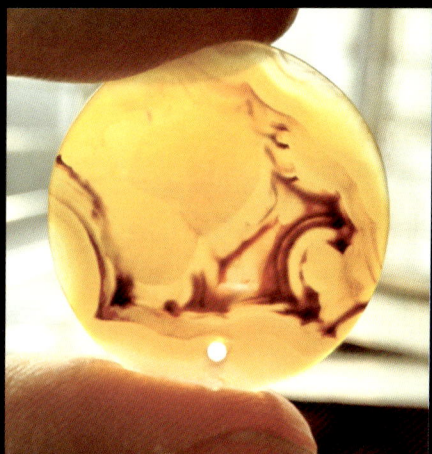
图 4-17　龙

经济支柱性产业的战略目标。^① 习近平总书记在 2014 年"文艺工作座谈会上的讲话"中强调："实现两个一百年奋斗目标、实现中华民族伟大复兴的中国梦，文艺的作用不可替代"；"文学艺术作品应当实现社会效益和市场效益的统一"。文学艺术创作的成果是知识产权，其市场效益集中体现在文化创意产业。党的十八大报告提出，推动文化产业快速发展，到 2020 年全面建成小康社会，使文化产业成为国民经济的支柱性产业。2016 年我国《政府工作报告》也提出了"推动文化产业创新发展"的目标。党的十九大强调要"坚定文化自信"，要"健全现代文化产业体系和市场体系，创新生产经营机制，完善文化经济政策，培育新型文化业态"，提出要注重挖掘各类文化产品的核心情感元素、价值元素，将其名称、形象、故事等形成具有知识产权性质的标识并进行创造性转化与创新性发展，再转化成更广泛、更多样的商品，形成新型文化业态。当代中国正日益走近世界舞台中央，加强中外人文交流，推进国际传播能力建设，必须提高国家文化软实力。

阜新的玛瑙产业要借助玛瑙这种独特的工艺品，讲好中国故事，展现中国文化。深入挖掘玛瑙文化中隐含的真实、立体的中国文化形象，坚守中华文化立场，传承中华文化基因，展现中华审美风范，创造出展现中华文化魅力的文化产品，让世界加深对中华文化的认识和理解。所以，阜新应该把玛瑙产业定位为传播中华文化的文化创意产业。

有着"欧洲文化之都"之称的德国鲁尔，就是从"煤都"成功实现了到文化之都的转型，鲁尔区把城市的多元文化特征作为资源要素加以开发利用，创造出了一个包容性的文化环境，让整个地区充满创意的活力。有"银城"之称的澳大利亚矿业城市布罗肯希尔成功转型为文化创意之城，由于受到区位和天然景观的影响，这里的艺术家们可以享受比大城市低廉的住所和更宜人的光照强度，艺术家们乐于接近偏僻人口稀少、拥有工业景观、可持续发展并有季节性旅游市场的地区。^② 从外国的研究和实践看，

① 林颖：《西方文化创意产业研究前沿述评》，《福建师范大学学报（哲学社会科学版）》，2014 年第 4 期，第 154-161 页。
② Andersen L（2010）Magic Light, Silver City: the business of culture in Broken Hill. Australian Geographer 41: 71-85。

阜新这样的欠发达地区和典型的资源衰退型城市，恰恰是适合文化创意产业发展的。所以，阜新发展玛瑙文化创意产业大有可为。

四、珠宝奢侈品行业

阜新玛瑙产业的主体应该定位为珠宝奢侈品，这里的奢侈品绝不是奢侈浪费的贬义，而是经济学的概念，是需求价格弹性大于 1 的商品，是含有较高文化价值和精神价值的商品，是一种高品位的文化用品。阜新市的玛瑙制品可分为玛瑙工艺品、佩戴饰品、医药用品、保健用品、旅游纪念品、装饰材料、工业用品七大类。其中玛瑙工艺品、佩戴饰品和旅游纪念品所占产量最大，是销售收入的主要来源。目前，由于种种原因，导致绝大部分玛瑙工艺品、佩戴饰品和旅游纪念品都沦落为中低档普通工艺品甚至是劣等品。玛瑙作为一种珠宝制品，价格越高越会刺激人们想要拥有它，或者作为高档礼品，因为只有这样才能显示出自己的消费能力和身份，会刺激消费；相反，如果玛瑙成为普通物品甚至是劣等品，销量反而会进一步下降，因为人们佩戴和赠送玛瑙反而成为地位低下的象征。这必然会导致阜新玛瑙产业附加值低、产业规模萎缩，有可能陷入下降收缩螺旋，最终导致产业坍塌崩溃。阜新玛瑙产业的发展出路是把玛瑙工艺品、佩戴饰品定位为珠宝文化奢侈品，并逐渐退出低档旅游纪念品市场。

奢侈品既是经济现象，同时具有社会和精神内涵，甚至具有政治和道德内涵。与许多社会现象一样，由于奢侈品自身的多元性和复杂性，国内外关于奢侈品的学术定义是莫衷一是的。其中，较为代表性的是美国经济学家沃尔冈·拉茨勒在他的《奢侈品带来富足》一书中这样定义："奢侈是一种整体或部分地被各自的社会认为是奢华的生活方式，大多由产品或服务决定。奢侈品则是一种超出人们生存与发展需要范围的，具有独特、稀缺、珍奇等特点的消费品。"[①] 奢侈品的经济学定义是需求价格弹性大于 1 的产品或服务，一般具有价格高昂、制作精美、数量稀缺、富有文化内涵等特点，能够给消费者带来愉悦和美好的感受，象征性效用远大于功能性效用。实际上，阜新玛瑙工艺品在历史文化传统、文化艺术美、稀缺性等

---

① ［德］沃夫冈·拉茨勒：《奢侈品带来富足》，刘风译，中信出版社，2003 年。

方面，完全具备成为珠宝奢侈品的条件。

首先，历史文化中玛瑙具有尊贵的文化传统。奢侈品一般都具有悠久的历史，是人们观念中的尊贵和稀缺的象征。玛瑙作为奢侈品在中国和世界历史上流传已久。在春秋至战国晚期的 500 多年中，素色玛瑙，特别是红玛瑙（玉髓或石髓），是整个社会上层审美追求的重要载体。秦汉时期，玛瑙更多地被制成装饰和实用并行的耳珰、印章、剑饰、带钩、微型兽等器物，种类繁多、工艺精美。从这一时期开始，玛瑙制品开始单独使用，真正作为一个独立品种出现在我国玉器制品中。汉唐时期，玛瑙制品日益丰富，相关玛瑙制品往往出土于当时的都城附近及丝绸之路沿线地区，其墓主人或使用者也有较高的社会地位。玛瑙，因其色彩丰富、材质本身符合先秦儒家"玉德"理论等方面的特性，在我国玉文化中占有一席之地。另外，汉宋之间记载玛瑙制品的古籍文献有 60 种之多，各种记录达 82 条，且常常涉及东西方贸易、战争、朝贡等形式进行的玛瑙制品的交流。[1] 总之，玛瑙在我国历史上，一直是财富、地位和文化的象征，深深影响了我国古代的欣赏习惯，并在一定程度上重新构建和充实了我国的文化体系。

阜新玛瑙具有奢侈品独具的文化艺术美。"对于奢侈品来说，艺术是奢侈品的灵魂，唯有美的艺术体验才能打动真正的奢侈品消费者，奢侈品消费不仅仅是物质实体的消费，更是一种对艺术的审美情趣的体验和精神文化的体验。"[2] 玛瑙，尤其是阜新水草玛瑙、马达加斯加海洋玉髓、战国红玛瑙和巴西象形玛瑙，无论是颜色、图案还是手感，天然地极具艺术美感，并和优秀中华传统文化和绿色生态文化高度契合，同时又作为一种珠宝，对消费者而言，佩戴这些玛瑙会向人们传递出富有、艺术修养高、富有生态环保意识、具有很高的中国文化修养等信息，这一信息会给人们标记身份，带来极大的满足感和自豪感。而玛瑙经过人工雕琢后，更能够从精雕细刻的传统工艺中传递手工艺和中华传统雕刻艺术之美。因此，阜新玛瑙工艺品从艺术美感上完全具备奢侈品的特征。

阜新玛瑙工艺品具有稀缺性。玛瑙的总体产量比较大，尤其是中国大

---

[1] 丁宁：《汉至宋代玛瑙制品研究》，陕西师范大学硕士学位论文，2016 年。
[2] ［法］梅洛·庞蒂：《知觉现象学》，姜志辉译，商务印书馆，2001 年，第 326 页。

量从相关国家进口玛瑙，使国内玛瑙供给量比较大。但是，经过切割处理后，水草玛瑙中有着完整美丽的图案，具有文化价值的非常少；马达加斯加玛瑙，冰种不瓷，而且没有瑕疵的非常少，而其中能够有精美图案的更是少之又少，在这少之又少的有图案的玛瑙中，因为玛瑙加工切割中的偶然性，能够把图案完整保留下来，并且在构图、意境等方面和人类已有文化意境内容产生联系的更是凤毛麟角。可以说，几乎每一个天然图案的精品玛瑙都是独一无二的。而玛瑙经过精妙的设计和精雕细刻后，每一件玛瑙工艺品都是唯一的，不会有第二件。所以，高品质的玛瑙艺术品是极度稀缺的，是比任何高端奢侈品都稀缺的珍品。

阜新玛瑙代表的中华文化和绿色生态文化将在世界上大行其道。随着中国的快速发展，中国在世界上的影响力越来越大，日益走向世界舞台的中央，随之而来的必然是中华文化在世界上的影响力会越来越大。而随着人们对环境的重视，生态环保文化一定是将来世界各国共同信仰的共同文化价值。水草玛瑙、马达加斯加海洋玉髓玛瑙、战国红玛瑙和巴西象形玛瑙当中蕴含的独特的中华优秀文化和绿色生态文化，使玛瑙有可能成为体现更高文化品位的新奢侈品，有望成为奢侈品中的一个独特分支，甚至成为引领世界奢侈品的重要力量。

阜新玛瑙只有定位为奢侈品，才能有很好的市场需求。奢侈品是人类社会生产力不断发展的产物。在原始社会，生产力低下，人们用大量时间获取基本实物还不足以果腹和御寒，就很少会有奢侈品。随着生产力的发展，社会物质产品出现剩余，奢侈品才开始增加。所以，现实社会中我们会发现，大部分奢侈品品牌在西方发达国家，而随着中国经济的快速增长，中国的奢侈品供给和需求也越来越多。2017 年，我国个人奢侈品市场销售总额达到 200 亿欧元（约合 1420 亿人民币），同比增长 20%，增速在全球主要地区遥遥领先，在全球个人奢侈品市场 2620 亿欧元（约合 2 万亿人民币）的总销售额中占比为 8%。中国消费者贡献全球 32% 奢侈品消费，成为全球主要增长点。中国人约有 78% 奢侈品消费发生在海外。全球个人奢侈品市场从 2015 年以来复苏趋势明显，逐步进入新常态时期。预计 2020 年市场规模有望突破 3000 亿欧元。个人奢侈品主要分为鞋履类、珠宝类、手袋、美妆产品、成衣及腕表六大品类，其中，成衣、美妆和手袋销售额最高，2017 年销售额分别为 610 亿欧元、540 亿欧元、480 亿欧元，三者合计份额达到 1630 亿欧元。分品类增速来看，鞋履类、珠宝类和手袋类增速较好，而成衣、美妆等产品增速相对平稳。分渠道分析，2017 年相比 2016 年奢侈品零售业同比增长 8%，其中实体销售同比增长 5%，网络合并及开放式零售增长 5%；批发业同比增长 3%，其中专卖店表现活跃，同比增长 5%；百货商店则在收缩网店分布，处于停滞状态。整体而言消费形态将面临全面转型升级，高端、个性化消费将盛行。而奢侈品拥有的高品质与独特性，恰能填补消费者需求。[①] 如果阜新玛瑙工艺品能够成为国际知名度奢侈品，一定会有非常好的市场前景，那么，阜新的玛瑙产业才能获得快速的发展。

①《2018 年中国个人奢侈品行业发展现状及发展趋势分析》，http：//www.chyxx.com/industry/201805/637919.html. 2018 年 5 月 7 日。

第五章
阜新玛瑙店铺市场营销策略

1960 年，美国营销学家杰罗姆·麦卡锡提出了著名的"4P 理论"，即产品（Product）、价格（Price）、地点（Place）和促销（Promotion）的营销组合，其中"地点"在现代教科书上通常被称为"渠道"。"4P 理论"的主要内容：产品（Product）是指根据市场调研结果开发能够满足消费者需求的产品，产品的内涵包括产品质量、消费者的感官要求、能够吸引消费者眼球的包装；价格（Price）是指确定消费者或客户能够接受的产品价格；地点（Place）是指能够将产品快速送到消费者手上的物品流通渠道；促销（Promotion）指的是拉动产品销售的促进措施，主要是产品宣传和推广促销等。"4P 理论"能从复杂的营销影响因素中找到最重要的因素，并从单纯的因素上升为一组策略，从而更好地适应日益复杂的营销环境。下面，从"4P"角度来分析阜新玛瑙店铺的市场营销策略。

第一节
产品策略

　　产品策略的核心是定位：在传播过度的社会中，要有选择地进入市场，集中火力主攻细分市场。定位的基本方法，不是创造某种新的、不同的事物，而是操控心智中已经存在的认知，重组已经存在的关联认知。[①]定位的本质即"占有心智资源"，就是让品牌在顾客的心智阶梯中占据最有利的位置，使品牌成为某个类别或某种特性的代表。这样，当顾客产生相关需求时，便会将该品牌作为首选，也就是说这个品牌占据了这个定位。[②]企业要通过定位使产品变成品牌。[③]综合考虑各方面的因素，阜新玛瑙主体产品应该定位为文化奢侈品，就是利用玛瑙独特的图案颜色与中华文化的密切联系，利用玛瑙作为珍奇珠宝玉石的历史认知，把玛瑙工艺品、佩戴饰品、医药保健用品等定位为中华文化的标志和载体，定位为高端文化品位的奢侈品，使消费者一看到阜新的玛瑙工艺品，就想到中国文化，就想到高端文化品位，就想到文化和修养，想到富贵和稀缺。

一、玛瑙工艺品

　　因为玛瑙颜色丰富、纹带美丽、质地细腻光亮等特性，非常适合制作工艺品，根据工艺特点等，玛瑙工艺品可分成素活、雅活、神品和文活等。

---

① [美] 里斯、[美] 特劳特：《定位》，谢伟山、苑爱冬译，机械工业出版社，2011年。
② 侯惠夫：《重新认知定位》，中国人民大学出版社，2007年。
③ 邓德隆：《2小时品牌素养》，机械工业出版社，2011年。

1. 素活

玛瑙"素活"是阜新玛瑙工艺品的特色，体现的是中国传统镂刻雕花的造型艺术。典型的工艺技术如"打钻掏膛""取链活环""肩耳制作""透雕活球""装饰雕刻"等，这些工艺技术要求高、工艺难度大、用工时间长，对料的要求也非常高。但阜新玛瑙雕刻的大部分"素活"创作题材陈旧、样式传统，多是根据商、周、春秋、战国时期的青铜器及有关器皿的造型进行创作，基本上都是花薰、鼎、钵、盏、尊、瓶等，体型较大，售价昂贵，从几万到上百万不等。

"素活"工艺品是阜新玛瑙产业的王牌，技术含量最高，是阜新玛瑙产业中最宝贵的资源。但如果不进行创新，不走向市场，产品就只能摆在博物馆里无人购买，其优势也就无从发挥，只能是作为技术化石，工艺传承最终也会出现困难。因此，阜新玛瑙的营销首先要激活"素活"。

"素活"具有历史悠久、工艺考究、质量高、资源少、文化价值高等特点，符合顶级宝玉石产品的一般特征。因此，要把"素活"定位为顶级奢侈品，还要进行积极的创新。

首先，进行小型化与生活化的改良。传统的"素活"，如薰、鼎等体型庞大、移动困难，远看精致，近看粗糙。故需要小型化与生活化，能够摆到办公室或家庭当中，能够近距离观看与体验，甚至能够在生活中使用。例如，薰可以选择上等马达加斯加冰料，加工成可以放在案头的尺寸，直接使用。

其次，题材现代化。"素活"作为一种典型的中国传统工艺，应该适当变革实现工艺的活化，设计出新的跨界产品，从而获得市场的生命力。在技艺跨界方面，日本的美浓和纸开启了对传统造纸技法的活用思路。美浓和纸由于制作流程的复杂而遭遇困境，设计师喜多俊之创造性地将美浓和纸与照明器具结合，利用手抄纸良好的强韧度和纤维长度，使得独特的柔美光线能从和纸中透出，有别于塑胶，现常用于能营造聚会气氛的特色纸灯，广受欢迎。[1] 可以根据现代器具的特点，对传统造型进行改造，使其更富有现代气息和风格，例如，可以对古代的酒尊进行创新，加入现代

---

[1] 李康化、张奕民：《传统民间工艺品市场营销策略分析——基于供给侧和需求侧双驱动视角》，《中国文化产业评论》（第23卷），上海人民出版社，2016年，第245-258页。

高脚杯的理念。

最后，品牌化。"素活"作为顶级的手工艺奢侈品，需要创立品牌，注册申请商标。

（二）雅活

以"雅活"为代表的阜新玛瑙雕刻艺术是对中国玉雕艺术的发展和创新，它代表了中国当代玛瑙雕刻艺术的一流水平。"雅活"主要以用玛瑙雕刻成的人物、花卉、动物等为代表，可用"巧、俏、绝"三个字高度概括。"巧"就是雕刻的人物、花卉、动物等造型准确完美，巧妙；"俏"是指把料质上的天然色泽运用得非常妙，把天然色彩与雕刻内容完美结合；"绝"是每件玉料的雕琢都是依据它本身设计，很难有重复性，基本上就是绝品。阜新玛瑙来源广，品种丰富，颜色各异，形状万千，"雅活"可以千变万化，有无限可能。

"雅活"的关键是设计和雕工，两者缺一不可。好的设计是灵魂，也是基础，而好的雕工是实现途径和保证。再好的设计，没有好的雕工，粗制滥造，也会丑陋无比；而很好的雕工，若没有好的主题和设计，则是对原料和技艺的巨大浪费。

阜新玛瑙产业目前的"雅活"在设计和雕工上具有一定的水平，但也存在不少问题。在设计方面，大部分玛瑙制品设计主题缺少新意，与时代脱节，市场上大量的"雅活"都是升官发财、健康长寿、连年有余的主题，内容以貔貅、生肖、山水楼阁、花鸟等最为普遍，并且形象相似，缺少时代新意。而且大部分雕工比较粗糙，工艺水平高的大师基本上做"素活"或参赛作品，而素质好的年轻人不少到南方发展，许多"雅活"实际上是刚学雕刻时间不长的小工完成，既是为了节约成本，也是无奈之举。甚至抛光工艺也因为要降低成本而相对粗陋，和南方的抛光工艺相差甚远。

"雅活"是阜新玛瑙的主体工艺品，具备奢侈品和文化用品的双重属性，应该定位为文化奢侈品。根据这一定位，"雅活"在设计上除了继续传承中华传统文化题材之外，更要推陈出新，增加创新、爱情、绿色环保、和谐共生等新主题；同时要全面提高雕刻水平和抛光等工艺水平，做到精益求精。要把总体数量降下来，尤其是大量减少粗制滥造的"雅活"，因为雕刻工艺的粗糙就失去了"雅活"的"雅"，雅活也就丢了它的根本价值——文化价值，而且还浪费了好料。"雅活"作为文化奢侈品，最重要的一点是品牌建设。要围绕玛瑙雕刻大师注册商标，建立产品质量标准，追求文化创意设计，追求精益求精的工艺水平，形成品牌效应。

（三）神品

玛瑙的"神品"主要是利用玛瑙的天然质地和图案，只进行切割、打磨、抛光等基本的加工和处理，基本不用雕刻，但需要精心选配底座、挂架等装饰物。和"素活"与"雅活"的区别主要是基本不用雕刻或很少的雕刻，主要是利用玛瑙天然质地和图案，像摄影一样，选取最佳比例和意境而成为一件"神仙"创造的作品，是大自然亿万年鬼斧神工的作品，作者就是大自然的"神灵"。所以，笔者给这类作品起了个名字叫"神品"，寓意是大自然的杰作。

这类作品之所以能够产生并且把它单独归为一类，是与它的来源息息相关。这类作品主要是来自冰种的马达加斯加海洋玉髓玛瑙、巴西玛瑙和阜新的水草玛瑙。这几类玛瑙中有大量的包裹体，形成了千姿百态、变化万千的图案，由于开采技术和人类活动限制，这些玛瑙在最近才被大量发掘和利用。和玛瑙中原来偶尔发现的图案不同，这三种玛瑙几乎每块玛瑙中都有图案，尤其神奇的是，马达加斯加海洋玉髓玛瑙中有大量的图案，具有中国水墨画的优美意境，无论是颜色、形状都和中国绘画书法非常相似，令人叫绝，有些还具有诗词意境。阜新水草玛瑙的图案和颜色更是变化万千，绿色的包裹体像极了水草、枝干和花朵，有的绿色枝干上还有鲜红的花朵，而有的枝干和花朵上还有一层白色，像极了傲雪盛开的梅花。巴西玛瑙中有许多人物、动物、山水等图案，栩栩如生，千姿百态。这种意境和神奇，似乎只有神奇的大自然经过亿万年的沉淀与修炼，才能完成此精品。这些玛瑙天然形成的美景、美图和绝美的意境，无需人工雕刻，只需要进行适当的切割和抛光，就能形成绝美的艺术品，这其中蕴含的价值不是全部由人劳动创造的，而主要是大自然亿万年的杰作，就像绝美的极光、尼亚加拉大瀑布、九寨沟等人间仙境，无需人类的劳动创造，它们天然的美与人类文明自然的联系和契合，造就了独一无二的价值，只需要我们挖掘和宣传即可。所以，把这三种玛瑙工艺品称为"神品"，体现其是天地的杰作。

这类作品最大的特色是和中华文化意境的高度关联和唯一性：马达加斯加海洋玉髓玛瑙中有大量的图案，具有中国水墨画的优美意境；阜新水草图案和颜色特别像中国的国画和具有中国人文特征的美景。这些玛瑙具备高端文化奢侈品的特点，甚至比人工最高端的奢侈品都更胜一筹。这类产品中的精品需要靠修养、靠切割、靠天然、靠配饰、靠故事、靠联想，要把它打造成高端精神奢侈品、意境奢侈品。

这类产品通常有印章、方牌、摆件、手把件。这类商品要由文化修养深厚的人在现场揣摩切割，切割不能急，可以先切成大的切片，等待顾客现场看完后，根据他的联想和意见，再确定切割的位置和比例。在抛光环节务必精益求精，工艺质量一定要高。

要把配饰做好。由于这类玛瑙几乎不用雕刻，就能体现美感。但这类玛瑙通常尺寸不大，一般十多平方厘米，当然也有大块的。对于这样尺寸的工艺品，需要有配饰物衬托，在配饰物的映衬下更能体现其美感。所以，要精心设计配饰物，而且一片玛瑙配一个个性化的配饰物，一对一，个对个。

要建立品牌。玛瑙的"神品"，由于尺寸不大，不需要长时间加工，对雕刻工艺要求不高，因此成本较低。如果不建立品牌，不容易定价，反而容易形成低价竞争。而品牌能够给人强烈的暗示，通过注入高端奢侈品品牌要素，并通过明星代言等广告暗示，能够赋予其极高的文化价值、身份价值和炫耀价值。

（四）文活

"文活"也是笔者归纳的一类玛瑙工艺品。这类工艺品主要是指经过简单加工的文化用品，如用玛瑙加工的围棋、象棋、笔砚、镇尺、笔筒、书签、香插、香炉、鼻烟壶等。通过简单的加工，使玛瑙的质地、颜色、手感和图案与所制文化用品完美结合。例如，用黑玛瑙的边角废料做成围棋的黑子，用马达加斯加海洋玉髓玛瑙冰料的边角余料制成白子，黑子乌黑莹润，白子晶莹透明。这样的玛瑙围棋，被赋予了很高的文化价值。再比如，用玛瑙做成的砚台，结合天然图案和精心雕刻，既实用，又是一件珍惜的宝石制品。

阜新现在有大量的玛瑙围棋、象棋、笔筒等文活，虽不乏个别精品，但大多数产品做工粗糙，题材陈旧，设计千篇一律，原料质量不佳，这就失去了其应有的文化价值。

要把玛瑙"文活"重新定位为高端文化奢侈品，需要精选好料，对加工工艺严格要求，另外，在设计、包装、品牌营销方面下大力气。

二、玛瑙佩戴饰品

玛瑙色彩鲜艳，纹带美丽，自古就是爱美之人的装饰品。玛瑙佩戴饰品主要包括手镯、项链、耳环、吊坠、戒指、腰带、纽扣、领带扣等，饰品多达数百种款式。由于制作工艺简单，价格相对便宜，所以，玛瑙的佩戴饰品销量大，几乎所有的玛瑙店铺都经营这类工艺品。

由于阜新玛瑙的佩戴饰品制作成本较低，加之缺少品牌和行业引导约束，形成恶性竞争。所以，绝大部分阜新玛瑙的佩戴饰品已经沦落为普通佩戴饰品，导致阜新玛瑙的佩戴饰品价格下降，利润降低。同时，价格低廉的配饰品因为人们收入水平和个性化要求的不断提高，需求量会逐渐降低。

由于玛瑙具有天然图案多、颜色丰富、具有保健功能和宗教文化的特点，同时，一部分优质玛瑙具备料底纯净透明的特点，这部分玛瑙加工成的玛瑙佩戴饰品具备成为奢饰品的潜质。所以针对这部分产品，要改变经营思路，把玛瑙佩戴饰品定位为奢侈品，重金聘请全国知名的珠宝设计师，重新进行样式设计；要结合不同玛瑙的特点，增加设计的文化含量，尤其是把中国文化元素纳入设计考虑之中，让其成为独特的佩戴饰品；另外，可以为奢侈品品牌做配套设计，例如，为著名的箱包品牌设计拉链，为著名服装品牌设计纽扣。例如，为中国旗袍的奢侈品品牌设计玛瑙纽扣，旗袍配上马达加斯加海洋玉髓玛瑙或水草玛瑙加工的纽扣或饰品将会进一步提高品牌价值。

抓住玛瑙亿万年开采的恒久浪漫特质，将玛瑙佩戴饰品打造成人们永恒情感的象征。手镯和挂牌等进行一对一个性化的设计，利用玛瑙独有的图案或颜色的象征意义对应人们的独特文化需求。突出玛瑙图案与颜色的唯一性，突出玛瑙饰品与购买者的缘分的主题，讲缘分，讲精细，讲文化，讲个性，把阜新玛瑙饰品打造成为缘分型奢侈品；要大力加强品牌建设，通过行业自律，提高工艺水平，控制低价竞争，缩减供给数量，提高玛瑙销售价格，这样才能凸显玛瑙作为唯一具有图案和独特象征意义、体现缘分的高端奢侈品形象。

三、玛瑙医药用品和玛瑙保健品

中国古代典籍记载，玛瑙具有独特的药用价值。明人李时珍的《本草纲目》就记载了玛瑙的疗效："气味辛寒无毒，主治辟恶，熨目赤烂，主目生障翳，为末日点。"玛瑙含有铁、锰、锌、铜等许多人体所需的微量元素，是具有神奇疗效的宝玉石之一，长期使用、佩戴玛瑙可以平衡正负能量，消除精神紧张和缓解精神压力，改善睡眠，调节内分泌，达到保持身体和心理的和谐。

根据玛瑙的这一独特特点，可用玛瑙制作医药用的玛瑙研钵、玛瑙罐等医药器具，还可以制成玛瑙球、玛瑙刮痧板、美容棒、玛瑙枕、玛瑙茶具、玛瑙餐具等生活所需的日用品。尤其是玛瑙具有稀缺性、硬度高、加工难度大等特点，古代玛瑙制品非常稀缺，远比黄金白银器皿珍贵稀缺得多，是中国文化中神秘珠宝的象征，和珍珠并称。所以，在中国文化中，能用玛瑙制品做生活用品的都是皇帝君王或皇亲贵胄。

所以，可以选择天然玛瑙加工成日常生活用品和保健用品，加大宣传力度，突出玛瑙用品的稀缺性、珍贵性和保健功能，打造日用品中的奢侈品形象。加大科研创新力度，可以在玛瑙日用品中进行创新处理，把玛瑙镶嵌进名贵的竹子或木制品中，解决容易碎的缺点，可以制作成筷子，解决刷不干净、容易滋生细菌的问题。

四、玛瑙装饰材料

因为玛瑙具有颜色美丽、性质稳定、坚固耐用等特点，没有辐射，还具有保健功能，所以，人们已广泛将其作为装饰材料，如玛瑙马赛克、汽车配饰、酒店装饰、家具装饰、桑拿浴房的装饰。例如，利用玛瑙保健避暑的特点，开发汽车夏天的玛瑙坐垫；和家具知名品牌合作，把玛瑙作为重要材料用于家具制作中；与装修公司合作，在家庭装修中大量使用玛瑙原料和制品。

五、玛瑙工业用品

玛瑙在工业上也用途广泛，因为玛瑙具有化学性质稳定、耐腐蚀、硬度大、韧性好等特点，所以，在工业上可用以制作特种仪表、轴承、衬板、衬砖、研磨工具、工业用玛瑙球、玛瑙轴承等。

六、玛瑙旅游纪念品

随着我国旅游业的蓬勃发展，由玛瑙制作的旅游纪念品在许多旅游景点出售，如用玛瑙制成的佛像、生肖、人名、地名等各种挂件、把玩件。但是，玛瑙作为一种玉石，做成旅游用品后，自降身段，会给人劣质品、假冒品的感觉，得不偿失。以档次、身份及文化象征为主要卖点的奢侈品品牌，一般很难兼容中低档产品，否则，会破坏品牌的核心价值。例如，派克钢笔曾生产3至5美元的低档钢笔，结果不仅新产品销量惨淡，原有的高端形象也极度削弱。[1] 为此，建议经营者们开发一些在阜新才能买到的新型旅游纪念品，尤其是可以把未经加工的原石进行简单地处理，作为旅游纪念品。未来，玛瑙作为低端旅游纪念品的需求会逐渐衰减，而且这种低端旅游纪念品的定位与阜新玛瑙打造奢侈品的整体定位相矛盾，阜新玛瑙要做好果断退出低端旅游市场的准备。

七、玛瑙原石

玛瑙原石外表其貌不扬，表面看起来像一个丑陋的大石球子，如果不切开进行加工，很难看出其美玉的内在之美。这种神秘感为赌石提供了很好的条件，也是广大收藏爱好者的淘宝乐园，这其中也隐藏着巨大的发展机遇。

鉴于阜新十家子现在玛瑙原石交易量很大，十家子玛瑙大集定位在原石和玛瑙初级制品的批发交易，所以，可以制订相关计划将十家子玛瑙大集逐渐打造成为中国著名的原石交易、原石切割等赌石中心及玛瑙寻宝活动平台，变成中国最大的玛瑙原石交易市场和淘宝市场。

---

① ［美］里斯、［美］特劳特：《定位》，谢伟山、苑爱冬译，机械工业出版社，2011年。

第二节
价格策略

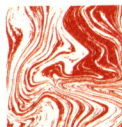

阜新的玛瑙产品种类繁多，特点各异，不同产品之间的原料质地、颜色和图案的独特性、雕刻工艺水平等差别很大，产品定位也各不相同，应该采取不同的价格策略，但总体原则就是要提高销售价格。由于玛瑙礼品需求迅速下降、供给侧恶性竞争等原因，阜新玛瑙总体价格偏低，既低于其他宝石类产品价格（见表5-1），也低于国内其他地区玛瑙产品价格（见表5-2），有逐渐被锁定到玛瑙产业低端的风险，这对阜新玛瑙产业发展是非常不利的。应该通过科学的价格策略，稳步提高供给质量，提高产品价格。

表 5-1　价格对比（玛瑙 * 其他宝石类）

		次数	百分比	有效的百分比	累计百分比
有效	偏低	488	72.4	73.9	73.9
	偏高	56	8.3	8.5	82.4
	持平	116	17.2	17.6	100.0
	总计	660	97.9	100.0	
遗漏	系统	14	2.1		
总计		674	100.0		

数据来源：辽宁工程技术大学阜新转型创新发展研究院，阜新市玛瑙店铺经营状况调查，2018.6

表 5-2 价格对比（阜新玛瑙 * 其他地区玛瑙）

		次数	百分比	有效的百分比	累计百分比
有效	偏低	497	73.7	75.6	75.6
	偏高	53	7.9	8.1	83.7
	持平	107	15.9	16.3	100.0
	总计	657	97.5	100.0	
遗漏	系统	17	2.5		
总计		674	100.0		

数据来源：辽宁工程技术大学阜新转型创新发展研究院，阜新市玛瑙店铺经营状况调查，2018.6

英国《经济学家》杂志曾指出："亚洲人习惯将昂贵与奢侈联系起来。他们认为奢侈与价格有关，日本人曾被认为是最盲从的消费群体，而现在中国人大有取而代之的趋势。当西方人愈加谨慎地只购买那些知根知底的奢侈品时，中国人却倾心于那些昂贵的品牌，基于炫耀，而不是基于需要，而外国的大部分奢侈品消费者将奢侈品作为一种需要。"中国消费者现阶段的特点要求阜新玛瑙要全面提升价格，否则，难以满足消费者的需求。

一、玛瑙工艺品价格策略

（一）"素活"的价格策略

玛瑙"素活"是阜新玛瑙雕刻的代表。工艺传承历史悠久，设计和雕刻工艺考究，原料极度稀缺，应该定位为顶级奢侈品。作为顶级奢侈品，玛瑙"素活"特性强、替代性弱、难以比较，价格弹性小；目标客户是收藏家、企业家、文化名家等高收入阶层，对价格不敏感，具有较高的价格容忍度，这些都决定了玛瑙"素活"应该采取声望性定价，确定一个很高的价格。此种定价法有两个目的：一是提高产品的形象，以价格说明其名贵名优；二是满足购买者的地位欲望，适应购买者的消费心理。对于大型的玛瑙"素活"，定价应该在 100 万元以上；中小型的玛瑙素活，定价至少应该在 10 万元以上。

　　为了维持玛瑙"素活"的高价位，就需要维护其奢侈品的定位，必须能够控制原石供给质量和供给数量。玛瑙"素活"主要特点是原料大，料底好，制作工艺复杂，工时长，但对玛瑙的图案通常没有严格的限定。因此，其价值主要体现在原料稀缺性、工艺复杂性和器型样式的独特性。根据玛瑙"素活"的这些特点，要控制原料供给的质量和数量，必须推动品牌策略，鼓励有实力和有影响力的玛瑙店铺注册商标，对玛瑙"素活"一些独特的雕刻技艺、器型和商标申请专利保护；加强行业自律，对仿造、质量粗糙的产品及时剔除市场。否则，大量粗制滥造的玛瑙"素活"一定会对玛瑙"素活"高端奢侈品价格产生冲击，影响其定位。

　　（二）"雅活"的价格策略

　　阜新玛瑙的"雅活"是阜新玛瑙产业的产品主体，店铺中大量的产品是"雅活"。阜新玛瑙的"雅活"具备奢侈品和文化用品的双重属性，应该定位为文化奢侈品。"雅活"通过精妙的设计和精湛的雕刻工艺，把文化创意与玛瑙亿万年形成的独特的质地颜色图案完美地结合起来，创作出"巧、俏、绝"的精品，具有文化美、自然美、工艺美的完美统一。因此，"雅活"的定价同样应该采取声望性定价，确定一个比较高的价格。根据不同的尺寸和雕刻工艺，最低价位应该控制在万元以上，大型"雅活"价格应该在 10 万元以上，中型的"雅活"应该在 5 万元左右，小型的也不应该降到 1 万元以下。如下图（具体见图 5-1 和图 5-2）的两个"雅活"，阜新市场售价都不到万元，其定价明显偏低。价格低廉和粗制滥

图 5-1　快乐仙翁

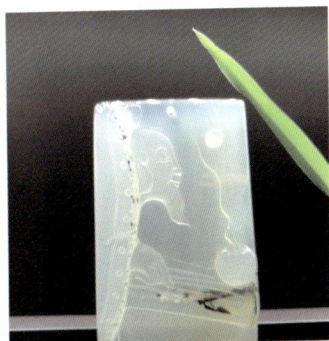

图 5-2　知音

造的玛瑙"雅活"会降低玛瑙"雅活"的文化品位，扰乱"雅活"的文化奢侈品定位，混淆高品位"雅活"和低质量"雅活"的界限，不利于阜新玛瑙产业的发展。

为了维持玛瑙"雅活"的高价位，就必须维护其奢侈品的定位，也必须能够控制供给质量和供给数量。必须像玛瑙"素活"一样，推动品牌策略，鼓励有实力和有影响力的玛瑙店铺注册商标，对商标申请专利保护，大力加强品牌推广；加强行业自律，把质量粗糙的产品剔除市场。

（三）"神品"的价格策略

玛瑙的"神品"是玛瑙工艺品中的新贵，是大自然亿万年鬼斧神工的作品，大自然是作者，其最大的特色是和中华文化意境的高度关联和唯一性，使其具有了高端艺术品的特性，应该把这类玛瑙工艺品的消费对象定位为高收入群体，需要按照艺术水平定价。树立"讲缘分不讲价"的规矩，进行单项高端定价。同时，在阜新市鑫维玛瑙城建立阜新玛瑙艺术品拍卖中心，定期举行拍卖活动，成为全国玛瑙高端艺术品拍卖展示中心，不但可以买高价甚至天价，更可以扩大玛瑙"神品"的行业影响力。这方面在国内玉石行业已经做了很好的实践，一些玛瑙的"神品"也卖出天价。例如，据网上报道，2015年7月的昆明泛亚石博会上，一块巴掌大的小石头《鹤梦图》以116万的天价一举打破了成交记录，之所以价格如此之高，是因为这块马达加斯加海洋玉髓玛瑙天然形成了一幅巧夺天工的画面：一只亭亭玉立的仙鹤、动感十足的水波和碧波中如梦的鹤影，让整块石头呈现出一幅优雅、深邃、栩栩如生的"鹤梦图"，与齐白石的仙鹤图如出一辙（具体见图5-3）；马达加斯加海洋玉髓玛瑙《琼海玉花缘》以60万成交（如图5-4），马达加斯加《海洋玉髓方牌》以13万成交（如图5-5），马达加斯加海洋玉髓玛瑙《精品鼻烟壶》以8万元成交（如图5-6），马达加斯加海洋玉髓玛瑙《远看山有色》以30万元成交（如图5-7）。[①]另据网上报道，马达加斯加海洋玉髓玛瑙《山人遗墨》2017年在昆明奇石博览会上以350万的天价成交（如图5-8），马达加斯加海洋玉髓玛瑙《马首是瞻》（如图5-9）2017年以90万元拍卖成交。

---

① 玺天下：《屡爆天价的海洋玉髓，究竟怎么回事？》，http://dy.163.com/v2/article/detail/C97ISSPL0514AP10. html. 2016年12月26日。

　　阜新玛瑙也完全具备卖出天价的条件。例如，作者收藏的马达加斯加海洋玉髓玛瑙《齐白石：虾》（如图5-10）和《李苦禅：鹰》（如图5-11），无论在意境、形神相似度和料质上，和《鹤梦图》（图5-3）相比毫不逊色，各有千秋。作者收藏的马达加斯加海洋玉髓玛瑙《胡杨林》（如图5-12）与《琼海玉花缘》（如图5-4）相比毫不逊色，但在阜新购买时仅花了几百元。作者在阜新收藏的马达加斯加海洋玉髓玛瑙《梦中山水》（如图5-13）构图完整，晶莹剔透，山水意境柔美，其料质绝佳，绝不比售价13万的《海洋玉髓方牌》（如图5-5）差。[①] 作者收藏的玛瑙茶壶《一片冰心在玉壶》（如图5-14），料质特别莹润透明，壶身天然形成的图案充满了春天原野气息；作者收藏的玛瑙鼻烟壶《暗香浮动》（如图5-15），选用阜新本地水草玛瑙雕刻而成，绿色的水草上零星点缀着红色的梅花。这两件藏品在阜新购得，和以8万元成交《精品鼻烟壶》（如图5-6）及30万成交的《远看山有色》（如图5-7）各有千秋。作者收藏的《五花马》（如图5-16），极富马踏飞燕的神韵，身上布满青色花纹，而马头又似龙头，晶莹剔透，质地莹润，与售价90万的《马首是瞻》（如图5-9）相比并不落下风。作者收藏的马达加斯加海洋玉髓玛瑙《八大山人：鸟》（如图5-17）和八大山人的翻白眼的鸟极为神似，非常孤傲清冷；而作者收藏的马达加斯加海洋玉髓玛瑙《朱耷遗墨》（如图5-18），简练的意境和朱耷的画非常神似。这两件藏品和350万的《山人遗墨》（如图5-8）有异曲同工之妙。

　　玛瑙的"神品"，由于尺寸不大，不需要长时间加工，对雕刻工艺要求不高，因此，成本较低。如果不建立品牌，很难卖到高价。只有通过文化价值和身份价值暗示，以及明星代言的品牌效应，才能维持在一个高端价格。

（四）"文活"的价格策略

　　用玛瑙加工的围棋、象棋、印章、笔砚、镇尺、笔筒、书签、香插、香炉、鼻烟壶等，玛瑙质地、颜色、手感和图案与所制文化用品的完美结合，既有文化价值，也提高其名贵性和稀缺性。把玛瑙"文活"重新定位为高端文化奢侈品，就要采取相应的定价策略，要采用声望性定价，确定

---

① 盛世文玩：《海洋玉髓单颗靠什么能卖到350万》，http://www.sohu.com/a/216731431_182897. 2018年1月15日．

图 5-3　鹤梦图

图 5-4　琼海玉花缘

图 5-5　海洋玉髓方牌

图 5-6　精品鼻烟壶

图 5-7　远看山有色

图 5-8　山人遗墨

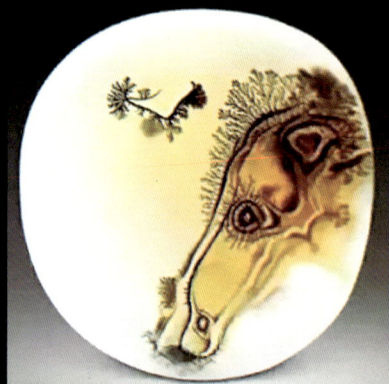
图 5-9　马首是瞻

图 5-10　齐白石：虾

图 5-11　李苦禅：鹰

图 5-12　胡杨林

图 5-13　梦中山水

图 5-14
一片冰心在玉壶
——王昌龄
《芙蓉楼送辛渐》

图 5-15　暗香浮动

图 5-16　五花马

图 5-17　八大山人：鸟

图 5-18　朱耷遗墨

一个较高的价格。

围棋：目前玛瑙围棋的价格偏低，一般在 500 元左右。要把其定位在高端文化奢侈品，要把价位定在至少 5000 元以上。走高定价高品质的路线。白子要采用高冰的马达加斯加玛瑙，精心打磨，大小完全一致。黑子彻底摈弃染色的玛瑙，而用天然的黑玛瑙或深色图案覆盖面积超过 50% 的马达加斯加海洋玉髓玛瑙或水草玛瑙进行加工，加工工艺要精益求精。

象棋：目前玛瑙象棋的价格偏低，一般在 100 元—1000 元不等。尤其是象棋的主体多以乌拉圭灰料加工而成，还有一些染色的，料质非常差，通常几百块钱，完全是劣质品的定位。玛瑙做成的象棋产品，如果走低端路线，市场前景堪忧，甚至不如实用性强、价格低廉的普通木质象棋。用玛瑙做象棋，就是要利用其玉石的特点，打造奢侈品。因此，玛瑙象棋的价位至少应该在 5000 元以上，棋子应该选用纯净的马达加斯加海洋玉髓玛瑙加工，工艺要求精细，并做好包装。

玛瑙印章：玛瑙质地坚硬，玛瑙印章的刻字通常需要用机器刻制，在一定程度上降低了其唯一性的特征，但玛瑙中的马达加斯加海洋玉髓玛瑙和阜新水草玛瑙非常适合做高端印章，并按照奢侈品进行定价。马达加斯加海洋玉髓玛瑙中蕴含中华文化意境的山水画、人物画与印章的功能定位完美融合，其图案的唯一性弥补了机器刻制的不足，优质冰料的马达加斯加海洋玉髓玛瑙透明莹润的手感更是适合近距离观赏把玩，因此，绝对可以跻身高端奢侈品行列，其定价要走高端路线，每方印章至少应该在 5000 元以上（具体见图 5-19、5-20）。

优质的阜新水草玛瑙料底纯净，水头足，颜色千变万化，其中的包裹体形状各异，与中华文化具有天然的联系，与全球流行的绿色生态文化有着高度的契合。用水草玛瑙制作印章，既能体现中华文化，也能体现绿色生态文化。而且由于品质好、体积大的水草玛瑙并不多，供给量较少，所以上好的阜新水草玛瑙印章价格至少应该控制在 5000 元以上（具体见图 5-21、5-22）。

图 5-19 长江三峡

图 5-20 三峡夕照

图 5-21 水草玛瑙印章：绿涛

图 5-22 水草玛瑙印章：九寨沟

　　玛瑙印章的加工上一定要精选上等好料，抛光等工艺要按照艺术品的要求加工，追求细节。印章可以刻字也可以不刻字，如果需要刻字，可以增加齐白石等大家的印章字库中按照不同风格，并加入购买者自己的创造字体进行刻制，增强产品的个性化。

　　其他用品：对于笔砚、镇尺、笔筒、书签、香插、香炉、鼻烟壶等其他文化用品，也要按照奢侈品进行定价，至少都应该在千元以上。但前提是对传统的笔筒、笔砚的形式和题材进行重新设计，赋予时代内涵；提高包装设计水平，增强文化品位；大力加强品牌建设，用文化名人做广告；要加强行业自律，把低质低价产品剔除市场。

二、玛瑙佩戴饰品价格策略

　　由于复杂的原因，一些阜新玛瑙的佩戴饰品已经沦落为中低档普通佩戴饰品，导致阜新玛瑙的佩戴饰品利润低，规模逐渐萎缩，影响力越来越低。如果按照这一产品定位，阜新玛瑙佩戴饰品的需求量会随着人们收入水平和个性化要求的不断提高而下降，前途堪忧。

玛瑙种类繁多，料底品质、颜色、图案等差别很大，一部分料底纯净透明、水头足、颜色好、图案奇的玛瑙，通过精妙设计和精雕细刻加工成精美的玛瑙佩戴饰品具备了名贵型、稀缺性、文化性等奢侈品的条件，只要采取正确的价格策略和营销策略，有能够成为奢侈品的可能，甚至能和翡翠、钻石一争高下。对于这部分定位为奢侈品的玛瑙佩戴饰品要采取声望性定价，确定一个较高的系列价格。根据加工工艺、材质和器型的不同制定不同的指导价格。

手镯类：料底差的玛瑙就不再做手镯，一只料底好的阜新水草玛瑙手镯应该在1万元以上，一只冰料的马达加斯加海洋玉髓玛瑙手镯应该在1万元以上，而一只颜色艳丽的北票战国红的手镯应该在2万元以上，一只巴西红色玛瑙手镯也应该在1万元以上。对于品相上等的阜新玛瑙手镯应该在2万元左右，而一只有魅力图案和美好象征意义的马达加斯加玛瑙手镯应该至少在2万元以上，甚至达到10万元以上。例如，（图5-23）的镯子里面清晰地看到两座金红色的佛塔，在一位笃信佛教的人眼中可能会价值连城；而（图5-24）的镯子晶莹剔透，隐约可见一湾清水，非常像月牙泉，这些产品都有卖出高价的潜力。

挂牌类：要精选料底纯净透明、色彩纯正、图案具有美好象征意义的玛瑙做成挂牌。阜新水草玛瑙挂牌应该在2000元以上，冰料的马达加斯加玛瑙挂牌应该在2000元以上，象形的巴西玛瑙挂牌也应该在2000元以上。对于其中一些图案清晰、有美好寓意的阜新水草玛瑙挂牌应该在5000元左右，而一只有象形图案和美好象征意义的马达加斯加海洋玉髓玛瑙挂牌应该至少在1万以上，甚至达到10万元以上。例如，图5-25形似一条鲤鱼从水面跃出，如果送给高考的学子，寓意鱼跃龙门的美好寓意。（图5-26）的下面酷似一只抱着大寿桃的老猴子，而上部是两只蝙蝠，象征长寿幸福，如果在老人生日时作为生日礼物，会非常有象征意义。（图5-27）非常像一片美丽的青花瓷，如何能够让周杰伦看到或他的粉丝看到，一定会非常喜欢；而（图5-28）的玛瑙中有一个清晰的"关"字，姓关的人或者非常崇拜关羽的人都是潜在购买者。

图 5-23　金塔

图 5-24　月牙泉

图 5-25　鱼跃龙门

图 5-26　仙猴拜寿

图 5-27　青花瓷

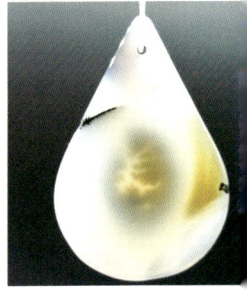

图 5-28　关

　　项链和手串类：项链和手串主要是精选料底纯净透明、颜色好、图案清晰的玛瑙，精益求精，打造高档战国红项链（手串）、水草玛瑙项链（手串）和马达加斯加海洋玉髓玛瑙水墨风格项链（手串）三类。高档战国红项链（手串）由于原料极其稀缺，至少应该在 5 万元以上，而高档的水草玛瑙项链（手串）和马达加斯加海洋玉髓玛瑙水墨风格项链（手串）应该在 1 万元以上，而金黄水草的玛瑙手串应该在 5 万元以上。

　　要把阜新玛瑙佩戴饰品打造成为奢侈品，卖出奢侈品的价格。首先，大力促进品牌建设，培养大企业，让这些大企业重金聘请全国知名的珠宝设计师，重新进行样式设计。要结合不同玛瑙的特点，增加设计的文化含量，把中国文化元素纳入设计中，聘请一线明星做形象代言人。其次，行业协会发挥约束和引导作用，建立质量评级标准，超级品牌店和中小店结合，按级收购中小店铺佩戴商品，统一到名店挂牌销售。最后，要逐渐把

151

低品质玛瑙佩戴商品从阜新鑫维玛瑙城淘汰出去。

三、玛瑙医药用品和玛瑙保健品价格策略

玛瑙的医用功效和保健功效广为人知，制作成玛瑙球、玛瑙刮痧板、美容棒、玛瑙枕、玛瑙茶具、玛瑙餐具等生活所需的日用品，要定位为奢侈品，不能按照普通日用品定位和定价。玛瑙保健品的日常使用功能不如普通的瓷器和玻璃器皿，必须按照高端奢侈品定价。尤其是玛瑙茶具、玛瑙餐具，每套至少要定价到 5000 元以上。

四、玛瑙装饰材料价格策略

玛瑙作为装饰材料，也要定位到高端装修。其定价要超过大理石和最高档的瓷砖。但最关键的还是开发出玛瑙装修的系列产品，体现玛瑙装修材料的奢华、文化品位和独特性。如果价格过低，与大理石和瓷砖是无法竞争的。

五、玛瑙旅游纪念品价格策略

低端的玛瑙旅游纪念品随着人们收入水平和文化素质的不断提升，会逐渐失去市场，应该尽快消化低质量、同质化的低端旅游纪念品的存量，坚决不再加工新的低质量、同质化的低端旅游用品，尤其是绝不生产制作染色的低端玛瑙旅游用品。可以开发一些只体现阜新和辽宁文化特色的本地化的旅游用品，要提高加工工艺，提高价格，至少应该在几百元以上，作为旅游纪念品，这样的价格也比较合适。

六、玛瑙原石价格策略

玛瑙原石的价格由于开采限制、不可再生等特点，价格逐渐攀升。玛瑙原石的价格完全按照供需双方的博弈，按照市场定价运行。但要通过行业协会控制市场供给量，提高其价格水平，并逐渐将十家子玛瑙大集逐渐发展成为中国著名的原石交易、原石切割等赌石中心及玛瑙寻宝活动地。

第三节
渠道策略

一、建设好直接分销渠道

　　阜新玛瑙的销售渠道核心是零售渠道。零售渠道采用建立直接分销网络，总店选择在阜新鑫维玛瑙城，分销渠道力求少而精，结构上只要求重点覆盖、宁缺毋滥，可以选择在沈阳、北京建立分销渠道。在沈阳应该选在古玩城、故宫附近和鲁迅美术学院建立分店。北京应该选择潘家园和艺术类高校附件开设分店。分店与总店的装修上应该基本风格统一，装修要讲究文化品位，突出中华传统文化，突出艺术气息。要在扩充渠道广度和保持品牌文化神秘感上维持平衡。

二、积极扩展定制渠道

　　阜新高端玛瑙还要大力发展定制渠道。"定制"是指按照顾客的要求来设计、生产、加工产品，实现一对一的个性化服务。玛瑙工艺品、服饰佩戴品，通常是根据重要事件或时间节点定制的礼品或者收藏品，具有特定的意义。定制可以发挥玛瑙独一无二的质地、图案、象征意义等特点，使消费者参与到产品设计和制作中，为产品赋予独一无二的个性化特征。定制是玛瑙保持自身文化传统的重要方式，非常适合玛瑙工艺品和服饰用品的加工，对品牌化的影响深远。

三、线上线下有机结合

　　随着经济社会的快速发展，"互联网＋"已经成为各行各业拓展业务、提高绩效的必然选择。对于销售而言，互联网和销售结合起来的一个重要形式就是微商，微商一般分为两种模式，一种是 B2C 模式，另一种是 C2C 模式。B2C 模式为企业、商家自建或利用已有平台搭建移动电子商城，通过商城平台发布商品，进行经营和管理，直接面对消费者提供销售服务，典型代表包括淘宝、天猫、京东、当当等。而 C2C 模式则是个体利用社交通信工具发布商品信息和分享商品使用效果，达到销售推广的目的，实现在线销售，使用较多的社交工具主要有微信、QQ、微博等，其中很多卖家利用了微信朋友圈销售商品。随着社会的发展，作为一种新形态的电子商务，微商在电子商务市场的主体地位必然进一步提升。

　　阜新玛瑙店铺也在线上销售方面进行了一些尝试。调查表明（具体见第 65 页表 2-6），销售玛瑙时，经营者主要依靠实体店销售的样本比例为72.1%，在经营实体店的同时，还有部分店家开通了网店、微商、招收代理等多样化销售途径，有网店销售的样本比例为 23.6%，有微商销售的样本比例为 34.9%，通过招收代理进行销售的样本比例为 9.5%，还有 18.5%的被调查者采用了其他的销售途径。

表 5-3　网络销售利润贡献比

		频率	百分比	有效百分比	累积百分比
有效	10% 以下	337	50.0	51.5	51.5
	10%–30%	197	29.2	30.1	81.5
	30%–50%	75	11.1	11.5	93.0
	50%–70%	27	4.0	4.1	97.1
	70%–90%	12	1.8	1.8	98.9
	90% 以上	7	1.0	1.1	100.0
	总计	655	97.2	100.0	
缺失	系统	19	2.8		
总计		674	100.0		

数据来源：辽宁工程技术大学阜新转型创新发展研究院，阜新市玛瑙店铺经营状况调查，2018.6

可见，阜新玛瑙店铺有大约三分之二以上是采取传统的实体店销售模式，但也有一半积极开展线上销售业务。但线上销售所占利润并不高，网络销售利润比重不足10%的商家，占总商家数的50%，排在第一位；第二是网络销售利润比重仅为10%—30%的商家，占总商家数的29.2%；第三是网络销售利润比重为30%—50%的商家，占总商家数的11.1%。这三类占到总体的90%多，尤其是有一半的商家网络销售利润比重不足10%，这些商家在网络销售上的利润对总利润影响不明显（具体见表5-3）。

调查数据分析表明（具体见表5-4），采用微商形式进行销售的产品主要是小首饰挂件和小摆件为主。由非参数检验可知，目前采用微商形式销售较好的玛瑙种类以小首饰挂件和小摆件为主，大件的销售优势不明显。

表5-4　检验统计资料

	年龄	月均营业额	小首饰挂件销量	大摆件销量	小摆件销量	销售利润变化趋势	网络销售利润贡献比
曼－惠特尼U	44109	43583.5	44148.5	46982.	45984.5	46885.5	30605
威尔科克森W	71839	127838.5	132138.5	74477.	133974.5	131551.5	116925
Z	−2.245	−1.835	−2.446	−1.479	−1.761	−.365	−8.418
渐近显著性	.025	.067	.014	.139	.078	.715	.000

分组变量：微商销售

数据来源：辽宁工程技术大学阜新转型创新发展研究院，阜新市玛瑙店铺经营状况调查，2018.6

网络销售奢侈品的行为一直存在着争议。但作为一种重要的新兴销售渠道模式，越来越多的奢侈品公司开始尝试进行网上销售。阜新玛瑙产业要注意线上和线下的有机结合，利用线上宣传推介阜新玛瑙，进行部分玛瑙工艺品的销售，但要注意利用线上推动线下销售，而不是用线上销售替代线下销售。玛瑙工艺品应该大力加强线上的宣传和展示，积极鼓励玛瑙店铺建立自己的网站，并通过视频直播网站展示玛瑙设计加工等环节，提高顾客群对玛瑙设计加工的兴趣。对于玛瑙围棋、象棋等一些个性化不强的产品和玛瑙佩戴饰品等容易邮寄的工艺品，可以采取线上销售的方式，但一定要控制数量和价格，不能因为线上销售模糊甚至降低玛瑙产品的定位。主要的销售方式还是应该采取专卖店线下购买的方式，因为在网上无法体验到高档玛瑙的手感和加工的复杂程度，降低独特品位，而线下现场购买，能够通过现场体验和交流，增强品牌的影响力和顾客的忠诚度。

第四节
促销策略

促销策略是指商家通过人员推销、广告等多种手段向消费者传递产品信息，引起注意和兴趣，激发他们的购买欲望和购买行为，以达到扩大销量的活动。高端的玛瑙制品定位为奢侈品，就要根据奢侈品的促销规律设计促销策略。

一、精准营销

奢侈品与普通商品不同，其促销策略的选择具有自己独特的特点，需要慎重。普通商品促销强调认知人群越多越好、传递信息越充分越好，奢侈品的促销活动严格意义上是对品牌文化形象的宣传和促进，恰恰是对产品"稀缺性"的宣传和维护，目的是体现奢侈品的神秘性和高端性，将独特品牌形象、文化核心价值传播到目标消费群的头脑中去，维持目标消费群体的忠诚度，而不是让所有人都知晓。因此，一个基本的原则是不能让人感觉到特别主动和普通，而是稀缺和神秘。这就需要精准确定消费对象，进行精准营销。

玛瑙奢侈品营销对象的确定：

年龄应该覆盖各个阶段，20—60岁是主体；学历方面大学以上学历应该是重点；经济水平应该是中产阶级以上群体，年收入10万元以上群体；职业为白领阶层、高校教师、文化名人、艺术院校师生；亚文化应该是大中城市；国外人口主要是东亚新兴工业化国家和欧美发达国家人口。

玛瑙奢侈品消费需求特征：

首先，是消费需求的复杂性，其突出表现就是趋优消费和趋低消费并存。

其次，是消费过程的体验性，不仅仅消费产品本身，更重要的是消费产品带给他们的心理上的满足，也就是说，他们追求的是一种消费的体验，一种从产品外观、包装到消费程序、消费环境的体验。所以，玛瑙产品消费要和体验与互动结合到一起。

第三，是消费需求的层次性。玛瑙消费作为一种高级消费形式，就消费内容来说，仍然可以划分为不同的层次。在消费的初级阶段，倾向于选择较小件的、不太昂贵的"可得到的奢侈品"或者"价值导向奢侈品"，主要是玛瑙的吊坠等。而且在购买之前，往往会花费一定的时间和精力去了解所选产品的历史、功能、个性等。随着消费者对玛瑙的了解越来越多，也完全能接受这样的生活方式之后，会逐渐向大件型玛瑙制品购买转换，从而形成玛瑙制品的常态消费观念，比如购买玛瑙的雕件等。

第四，消费需求的主动性和稳定性。奢侈品消费者是基于个人的情感需要而购买产品，对于购买决策往往有着强烈的主观能动性，与媚俗的大众消费者对时尚的屈从和依附相比，他们显然更愿意主动地寻求自己感兴趣的东西，这就会形成对玛瑙消费的主动搜寻，更容易发展为玛瑙产品的收藏性购买，导致对玛瑙产品的积累系列化和高级化。

二、关系营销

关系营销的概念最早由美国学者贝瑞（Leonard Berry）于1983年提出，他将其界定为"吸引、保持以及加强客户关系"，这一概念的提出促使企业纷纷从简单的交易性营销转向关系营销，即在企业与客户和其他利益相关者之间建立、保持并稳固一种长远的关系，进而实现信息及其他价值的相互交换。1996年，他又进一步把关系营销定义为"通过满足客户的想法和需求进而赢得客户的偏爱和忠诚"[①]。

高档的玛瑙商品如果定位为奢侈品，其价值主要是附加的文化价值，需要靠交流、体验来传递，就必须借助人与人的直接交流和体验。由于尽

[①] 苏朝晖:《客户关系管理（第二版）》，高等教育出版社，2016年，第11页。

量不要用普通的人员推销方式，那么有效传播信息就要靠亲密信任的关系。做关系营销时，要注意门当户对，通过匹配的场地、场景布置等，有效传达品牌内涵和档次感；要体现物以稀为贵，体现玛瑙艺术品的独特性和唯一性；要诠释玛瑙商品的文化故事，玛瑙的营销人员要成为一个非常善于讲故事的高手，将玛瑙奢侈品的文化历史内涵通过故事渲染出来。要设计讲述玛瑙原石开采、切割的独特故事，以及玛瑙图案蕴含的文化典故，一定要和我国优秀的传统文化联系起来。

建立一级关系营销。指玛瑙店铺通过折扣吸引顾客与企业建立长期交易关系。

建立二级关系营销。除了折扣之外，尽量了解各个顾客的需要和愿望，并使服务个性化和人格化，以此来增强公司和顾客的社会联系。二级关系营销的主要表现形式是建立顾客俱乐部，并形成玛瑙工艺品部落。后现代社会中，社会人群因为对多元和个性的追求而产生了碎片化，又因为凭借相同情感和爱好而集聚成新的社群。这种新的社会群体借用人类学术语，可以称为"部落"，从市场营销角度可以称之为"消费部落"，当然也可以看作是一种消费圈子的构建。如今，社交媒体的火热为具有相似爱好的人们构建起了相应的部落圈子，使得相似的消费行为具有一定的交流性和集中度，为玛瑙的关系营销推广提供了平台。比如，江苏、浙江、福建、贵州、四川、云南等省濒临绝迹的手工技艺就通过"澄怀格物"设计二人组的寻访进入了微博和豆瓣等社交媒体，以"澄怀格物"为中心积累起了关注和爱好传统民间工艺品的社交圈子，依靠部落圈子带动了成都瓷胎、竹编等工艺的传播和销售，为文化企业寻找顾客提供了便捷性。[①]阜新玛瑙店铺的老板应该和经常购买玛瑙工艺品的人建立松散的俱乐部，定期在一起研讨展示玛瑙藏品，交流玛瑙的品鉴心得，并以此为基础建立玛瑙工艺品部落，宣传推介玛瑙。

三、广告

奢侈品广告一般不陈述具体的产品功能，广告内容要尽量地抽象化，

---

① 《澄怀格物手工之旅历时一年多 共寻访57个手工艺》，《江南时报》，2015年1月27日。

要将奢侈品品牌中蕴含的文化内涵从产品的物质实体中抽象出来，发端于产品使用价值本身，又高于使用价值而具有文化价值，在产品和产品代表的某种文化之间建立一种习惯性的联想。因此，玛瑙的广告一定要有文化品位，不能世俗，要选择合适的影视明星和文化名人作为形象代言人，代言人一定要具有国际影响，但更要具有精深的中国传统文化素养，作为一般的玛瑙商户，近期可能很难有这样的实力，需要阜新玛瑙协会把多个玛瑙商户联合起来，并通过阜新市政府出面联系文化名人，尤其是找和阜新有关系的文化名人进行代言。

阜新玛瑙的促销活动要精心设计，阜新从 2006 年开始举办玛瑙文化节，这是一个很好的促销活动，但目前玛瑙文化节设计定位存在一定的问题，主要是从阜新玛瑙历史、储量和玛瑙雕刻技艺的视角进行宣传。这种宣传方法视角不够广阔，要从玛瑙在文化上和其他宝玉石的区别上入手，主要准确地将宣传点定位在阜新水草玛瑙、马达加斯加海洋玉髓书画玛瑙、巴西象形玛瑙和水胆玛瑙所蕴含的其他玉石所不具备的和中华文化及绿色生态文化入手，并把玛瑙在《本草纲目》中可入药的记录及作为佛家七宝的健康养生特征作为辅助宣传点，以提高产品的吸引力和独特性，增加神秘感。

四、品牌营销

导入形象设计，设计精美的消费者图腾。LOGO，也就是品牌标识，是消费者将新奢侈品品牌与其他产品区别开来的主要标签之一，几乎每一个品牌的背后都蕴含着丰富的内涵。玛瑙产品需要设计 LOGO，阜新有众多的大师，这些大师也各有所长，但几乎很少有品牌和 LOGO，几千个玛瑙店几乎都没有品牌，所以，玛瑙品牌店应该注重 LOGO 的设计和宣传。尤其是玛瑙当中有人工后期加工和优化的，真假难辨，有固定品牌后，可以把好的品牌突出处理，降低购买的鉴别成本，才能提高价格而成为奢侈品。

五、体验营销

美国哥伦比亚商学院教授贝恩特·施密特（Bernd Schmitt）最早开

始研究体验营销，他站在消费者的感官、情感、思考、行动、关联五个方面重新定义、设计营销的思考方式，强调从零售业到电话购物、从市场沟通到网上购物，在与顾客接触的每一点上公司都有机会最大程度地满足顾客体验，并建立一种永不打破的关系——顾客体验管理。体验营销是从产品开发到推广销售贯穿始终的一种思维，目的是唤醒消费者的某种记忆或情景，塑造难忘的感官体验。很多业界人士将体验营销看作是销售终端的展示加强，事实上所谓的体验关键在于产品提供给消费者的感觉，它是一项系统工程，派生出品牌命名、品牌建立、品牌行销、品牌沟通、企业形象等一系列的行为态度。①体验是个性化的，是人的心理状态和体验提供物或提供体验的事件之间相互作用的结果，强调的是一种心理感受，是人与环境或人与人互动的结果。体验能够提高商品的价格，琉璃工房出售的是一种"脱腊铸造"的玻璃，虽然这种商品仍然是玻璃，但是由于它为消费者提供了独特的体验经历，其价格要比一般玻璃工艺品贵得多。琉璃工房的体验营销的诀窍在于，除了产品的美感以外，它的每一件创意作品都内蕴着丰富的文化故事，就连作品的附属说明书都是用诗一般的精美文字书写的。很多奢侈品公司都实行"神秘顾客计划"，星巴克推出一些新的糕点时，总会邀请一些顾客免费品尝，宝马公司则会邀请重要市场的关键人士参加试驾活动，以期获得好的口碑。②

在有关后现代社会的理论阐述中，许多学者认为人们之所以消费，是为了寻求一种即时的体验，即一种欲望的表达与自由感情的宣泄。消费者愿意为这类体验付费，因为它给消费者留下了美好和难忘的回忆，让消费者有了自我实现的感受。场景的构建，就是帮助国内市场打造一个体验好的购物渠道，为产品融入一种新的价值形态，摆脱以往依赖低价促销竞争的营销方式，帮助消费者体验传统民间工艺品的文化趣味。③玛瑙作为一种宝石，在消费过程中，发现其中的文化符号，体验设计与雕刻，看到从一块粗陋的原石变成晶莹剔透、栩栩如生、爱不释手的美玉，这种体验是消费的重要价值来源。

---

① 蔡依璐：《新奢侈品营销传播的时尚文化意蕴》，浙江大学硕士论文，2007 年。
② 蔡依璐：《新奢侈品营销传播的时尚文化意蕴》，浙江大学硕士论文，2007 年。
③ 蔡依璐：《新奢侈品营销传播的时尚文化意蕴》，浙江大学硕士论文，2007 年。

玛瑙的加工充满了神秘感，类似于赌石的感觉，玛瑙原石切割的位置不同，呈现在人们面前的画面、构图和意境可能完全不同。玛瑙加工也充满了艺术感，融合了绘画、雕刻、抛光、构图等技巧，可能换一个方向和角度，就会发现一个新的故事和形象。可以说，玛瑙的切割、设计、雕刻等各个环节，现场体验潜力巨大。每次玛瑙切割人们仿佛都在等一个谜底的揭晓，都在见证一幅大自然神奇画面的诞生，切割完之后，人们可能会品味不同的构图和画面，体现不同的留白和笔墨意境，甚至是不同的文字内容，会设想如果再偏离一厘米会出现什么遗憾和惊喜。这更增加了玛瑙加工体验的神秘感，尤其是阜新玛瑙普遍是前店后厂的模式，非常方便地实现体验营销。

可以把十家子玛瑙特色小镇打造成玛瑙原石切割体验小镇，主要是玛瑙原石的赌石切割，主要模式是"前店后厂+旅馆"模式，消费者可以在玛瑙小镇住上几天，深度体验玛瑙的开采、加工、切割、抛光等程序。

把鑫维玛瑙城打造成玛瑙设计、雕刻、展示、品鉴和拍卖体验模式，采取"设计雕刻体验+销售展示+品鉴研讨"模式，店铺里间或地下室是设计和加工场所，外间是销售和展示厅，同时在每一层设立玛瑙拍卖展示大厅，消费者也可以带自己的玛瑙前来斗宝、交流和研讨，变成全国玛瑙的交流研讨基地。

要引导玛瑙商户精心设计店铺环境。玛瑙定位为文化奢侈品，其消费者追求消费体验，他们不仅消费产品本身，也消费情调、氛围和美感。如果说消费是一种宗教，那么购物环境无疑是消费者们朝圣的圣殿。几乎所有的新奢侈品都设置了品牌专卖店，还有一些在高档商场设专柜或者店中店。通过店面摆设、音乐等个性化配置来营造消费者需要的感觉。哈根达斯的价格和其他冰激凌相比没有任何优势，但是它作为时尚生活的代表，充满情调的消费环境能带给消费者不一样的情感体验。[①]玛瑙如要成为奢侈品，必须重视体验环境设计，精心设计店铺和加工厂。

玛瑙的体验营销要注意在体验与互动中积淀情感，通过深入体验和交流互动，使顾客在消费的同时收获了宝贵的情感体验。在后现代消费社会

① 蔡依璐：《新奢侈品营销传播的时尚文化意蕴》，浙江大学硕士论文，2007年。

中，人们的消费行为更加的感性化，情感的召唤对消费者具有较强的吸引力。中产阶级在群体身份的认同记号之外所追求的个性化，也是情感定制的消费心理基础。①玛瑙这种传统民间工艺品因其手工制作特色而自带情感的稀缺性。无论是利用线上的情感交流还是保线下的情感记忆，玛瑙店铺都借此传递了玛瑙工艺品的悠久历史、中国优秀传统文化格调和美感，让人们在玛瑙这种传统民间工艺中觅得了宝贵的情感，这种消费体验超越了玛瑙工艺品单纯的实用功能，获得了心灵和精神上的满足，亦产生了对中国优秀传统文化的情感认同。这种积淀着深厚感情和文化的体验营销将为玛瑙产业提供稳定的消费群体。

六、文化营销

玛瑙工艺品针对文化奢侈品的定位，最重要的是要进行文化营销，把每一个促销环节都赋予独特而鲜明的文化内涵。

根据马斯洛的需求层次理论，人的需求由高到低，低层次的需求满足后会产生高层次的需求。在生产力不发达的社会，商品给予消费者的价值满足是生理和物质的需要，当经济不断发展、社会物质极大丰富后，消费者的价值满足将进一步从生理需求的满足向精神需求的满足递进，此时，将要求营销者在产品营销过程中也必须传递着某种文化，通过文化满足消费者的精神需求。当消费者的精神需求与产品所蕴含的文化内涵契合时，消费者对产品的价值追求才能真正实现。所以，消费者精神层面的需求促使市场营销者必须积极迎合消费者的文化需求，传递文化理念，在营销过程中通过文化载体提升顾客的价值体验。

文化营销是传播产品文化价值的系统行为。实施文化营销要从产品功能本身出发，扩展到使用价值和文化价值的融合，综合运用系统的文化表达、沟通、交流方式向营销对象传播产品的文化内涵，强化营销对象对产品的文化认同和精神认同，提升情感体验。

文化营销的核心内容是产品表达的文化价值观念。文化营销，是将蕴含在产品中的文化作为载体，向营销对象表达产品的文化价值观念，并通

① 蔡依璐：《新奢侈品营销传播的时尚文化意蕴》，浙江大学硕士论文，2007年。

过各种营销手段与营销对象互动，以达到文化价值和消费需求的和谐统一，从而最大限度地调动营销对象的消费情感、触发实际消费行为。无论营销的方式手段如何变化，只有附加在产品上文化价值观念与营销对象的消费需求相一致、有共鸣，才能获得营销对象的认同、达成营销目的。因此，文化营销的所有形式与内容中，核心内容必须是产品表达的文化价值观念。企业在文化营销中实施产品策略的过程，就是以产品为载体传递文化价值的过程。

首先，在市场定位上，要明确自己的产品满足消费者什么样的文化需求，在满足这种需求上与竞争对手有什么文化层面上的区别，由此准确进行市场定位，细分市场。[①] 玛瑙制品，主要是玛瑙工艺品和佩戴饰品，由于其独特的质地、图案和意境，与中华文化中的水墨画和书法、诗词意境、天人合一绿色生态文化及儒道释融合中国传统哲学文化高度契合，能够满足现代人追求自我解放、心理宁静、天人合一等心理需求，这也是玛瑙与其他玉石最大的不同。

其次，在产品开发上，要求产品不仅满足物质功能需求，还要根据目标顾客的文化背景和企业营销策略，把消费者认同的文化与附加在产品上的文化内涵相结合，满足消费者的文化需要。因此，玛瑙制品要聚焦到国学修养精深、绿色环保和保健上。

再次，在产品包装上，要巧妙地体现产品的文化底蕴，体现产品的差异性，激发消费者的共鸣和情感，提升产品竞争力。玛瑙产品的包装一定要体现中国元素，多用中国传统文化符号，精美而有品位。材质上要多用中国材料，如宣纸、竹子、漆器等。

最后，在传播上，要多讲文化故事，少谈技术指标。因为收入增长会凝结在奢侈品品牌中的文化价值和内涵上，是奢侈品最突出、最重要的特征之一。通过文化的传播，拉动消费者主动向品牌靠拢。文化的传播要会"讲故事"。奢侈品品牌所代表的顶级生活方式，实际上是不同阶层消费者都感兴趣的内容。几乎每一个奢侈品品牌背后都有一个优美动人的故事在支撑其产品的战略定位。故事表达出来的就是产品的文化精神。文化营销

---

① 梅瑜：《中国奢侈品市场的文化营销特点研究》，首都经济贸易大学硕士论文，2013 年。

从这个意义上讲，就是向目标消费者"讲故事"。通过传播品牌故事的方式将奢侈品品牌的价值传递到消费者的心中，是奢侈品文化营销成功的关键。要讲好玛瑙产品背后的中国故事。

七、积极建立与名人的高端链接

奢侈品消费者是指主观上钟情、接受或参与奢侈品消费活动的人或团体，是奢侈品消费的主体。奢侈品消费者按购买行为类型可分为：率先购买者、从众购买者、滞后购买者和"爆发"购买者。奢侈品消费群中的率先购买者一般具有相当的经济实力、文化程度与社会地位较高，还具有一定的时尚敏锐度，受过良好的美学教育和艺术熏陶，有独立的审美能力，在进行奢侈品消费行为时也更注重产品的设计感和艺术性，更看重奢侈品中含有的品牌附加值，并且凭借自己的价值观和标准对奢侈品牌进行判断。[1] 率先购买者的行为非常重要，他们会引领从众购买者、滞后购买者和"爆发"购买者，形成头雁效应。

阜新玛瑙定位为奢侈品，应该集中盯住率先购买者，这些人通常是娱乐明星、文化名人。其中，娱乐明星、文化名人的影响力巨大，对玛瑙销售的带动作用巨大。阜新玛瑙作为一种高端文化奢侈品，必须与名人进行密切而紧密的链接，充分发挥名人引领潮流的示范效应。虽然近年来，奢侈品的传播路线发生变化，已经不仅遵循自上而下的传播路线，自下而上的传播也越来越重要，但是，玛瑙作为一种珠宝，毋庸置疑的是，名人在很多时尚领域扮演着意见领袖的重要角色，他们的佩戴和引领影响力不容小觑，如果这些人戴上玛瑙制品，这在传播上的影响是极其巨大的。凯丽牌箱包原本是名不见经传的欧洲品牌，但是当摩纳哥王妃格蕾·凯丽出访欧洲时，她手提凯丽牌箱包的迷人风采经由电视报纸展现在大众面前，一时之间，这种又大又笨重的箱包成为上流社会的女性争相购买的抢手货。阜新玛瑙工艺品的宣传和设计应该首先围绕娱乐明星、文化名人展开，吸引这些人购买和佩戴，进而发挥带头和示范作用，能够带动奢侈品市场的扩展和升级。我曾经收藏过一枚玛瑙挂件，特别像一片年代久远美丽的青

---

① 韦程：《自主奢侈品牌文化定位与奢侈品设计分析》，湖北工业大学硕士论文，2012年。

花瓷片，如果周杰伦能够佩戴青花瓷的瓷片，演唱他的创世经典歌曲《青花瓷》，其影响不言而喻。例如，笔者曾经收藏过一个齐天大圣，如果能让六小龄童佩戴，将非常具有示范效应。一个花旦形象的毛衣链，如果从阜新走出去的京剧名家迟小秋能够在综艺节目上佩戴，则会产生巨大的宣传示范效应（具体见附录中照片）。

"暴发"购买者主要是企业家，他们具有从众心理和炫耀心理，明星能够带动他们进行消费。中国消费者奢侈品消费动机有着特殊的面子文化。中国社会中，礼物是建立和维持人情与关系的重要纽带，通过奢侈品的赠送及交换，能使得消费者更容易获得面子，以及增强人与人之间的关系。[1] 企业家在中国通常会被认为暴发户而缺少文化，如果玛瑙产品被定位为文化奢侈品，玛瑙在娱乐明星和文化名人的示范效应下，企业家群体购买玛瑙会被认为有面子和有文化的象征，这个群体收入高，对价格不敏感，会暴发性购买。中产阶级，收入不高，但知识修养较高，企业家购买玛瑙制品作为礼品后，中产阶级购买玛瑙会被认为收入高的群体，也和他们的文化品位接近，也会参与购买。

八、跨文化营销

玛瑙的开采加工在中国具有悠久的历史，作为一种古老的工艺，是承载和展示中华文化的重要载体。尤其是近几年刚刚兴起的阜新水草玛瑙、北票战国红玛瑙、巴西象形玛瑙和马达加斯加海洋玉髓玛瑙，更是和中华文化具有天然的联系和高度的契合。阜新出产的水草玛瑙，其中的包裹体色彩艳丽、千姿百态，有的像迎风傲雪的梅花，有的像静立在晚秋的残荷，有的像河里婀娜的水草，蕴含着中华文明历来注重绿色环保生态的思想内涵；北票出产的战国红玛瑙，其艳丽的红色和黄色，还有变化万千的图案，完美诠释了中国文化中尊贵喜悦的氛围；而漂洋过海来自非洲马达加斯加的海洋玉石玛瑙更是神奇，其中的一些冰料，在温润透明的玉髓中蕴藏着一些立体的极富中国文人画水墨意境的山水画甚至中国文字，这些山水画意境优美，立体丰富，能找到八大山人的孤傲清冷、郑板

---

[1] 沈喆：《消费者奢侈品感知价值与品牌态度跨文化比较研究——基于参照群体影响的视角》，华东理工大学硕士学位论文，2012 年。

桥的枝叶关情、张大千的豪放写意、齐白石的鲜活童趣、书法大家汉字书法的灵动鲜活，仿佛把中国水墨画的神韵封藏在这上亿年形成的玉石中，似乎更体现出中国水墨画和文字与大自然冥冥中的不解之缘；产自南美神秘国度巴西的玛瑙，里面或有夕阳中静静矗立的佛教金坛，或有层层叠叠的沙漠古城，或有风姿绰约的人物，体现了神秘的宗教文化、大漠风光和世间百态，是承载和传播中华文化的宝藏。中国是世界文明古国，中国文化源远流长。十八大以后，国家高度重视文化传播，高度重视文化自信，玛瑙工艺品因其与中华文化高度的契合性，而成为传播中华文化的一块靓丽名片。而随着中国的全面崛起和在全世界影响力的迅速提升，世界各国对中国文化的兴趣越来越大，对能够完美体现中华文化的玛瑙工艺品一定会特别欢迎。所以，阜新玛瑙应该借助文化的东风，走出国门，走向世界。

中国传统工艺品历来深受各国人民喜爱，也一直是中国出口创汇的重要商品。但由于不重视跨文化营销，导致中国许多工艺品在国外成为地摊货，只能卖白菜价，无法传播中国文化的品位和内涵。例如，中国自古至今都是陶瓷大国，当今全世界三分之二的瓷器产于中国，但大多数是廉价产品。老祖宗为我们华夏民族留下的众多宝贵遗产中，瓷器的分量是极其厚重的，但是每年数十亿外销瓷器平均售价每件却仅有 0.25 美元，这样令人尴尬的境遇从 20 世纪 70 年代至今皆是如此。[1]

中国瓷器等工艺品从"高高在上的公主"沦落到"不被待见的灰姑娘"，一切皆因为当代中国太稀缺优质的原创型、创新型陶瓷工艺品的自主品牌。一个能够蜚声海内外的陶瓷品牌的塑造是需要大量的营销技巧的，产品是基础，品牌是关键，营销是手段。法蓝瓷作为一个台湾地区的创意文化产业的品牌，在景德镇设厂生产陶瓷工艺品，经过短短十几年的国际营销，年均推出数百款新产品的原创设计，已在全球拥有 6000 多个销售点，畅销 50 多个国家和地区，在世界瓷器品牌中占据重要一席，已然无可争议地成为了众多国内外知名陶瓷品牌中的佼佼者，成为世界陶瓷界最耀眼的、最富知名度的创意型奢侈品品牌，获得了诸多国际声誉，体

---

[1] 徐曼：《4P 理论在当代陶瓷工艺品品牌营销策略中的应用》,《陶瓷研究》, 2012 年第 3 期, 第 37–39 页。

现了其品牌经济效益和社会效益的最大化。法蓝瓷在产品推广之前，先锁定销售目标群体：以经济发达国家或地区 30 岁到 60 岁之间有极高审美情趣和生活品位的女性为主。然后根据目前客户进行创新，中国瓷器不能老是仿古、复古，而要以全球化思维自主创新，为瓷器注入新生命。法蓝瓷品牌创始人陈立恒先生认为，古代的文化资源只有被恰当地运用才可能传承下去。从创意角度而言，法蓝瓷相比传统的陶瓷艺术品明显具有更丰富的创意设计元素，陶瓷器物的整体构图也不拘泥于常见拉坯成型的圆形或椭圆形，法蓝瓷从一勺一柄的细节入手，色彩饱和度与设计主题相得益彰，处处凸显了法蓝瓷的当代性、国际性风范，迎合了绝大多数高端消费者的审美情趣和购买品位。法蓝瓷采取了奢侈品的高端定价策略，在国内外都取得了不俗的销售业绩。法蓝瓷策划了一系列高端公共关系营销，如今已经举办了 6 届的"法蓝瓷陶瓷设计大赛"已成为世界性陶瓷设计竞赛之一，2012 年法蓝瓷作为首家华人陶瓷品牌进入欧洲最大的陶瓷博物馆展览长达 5 个月，受邀进入日本皇宫饭店开设店面，以及被哈佛大学列入教学研究个案。法蓝瓷非常注重文化传播，官网页面制作精良，从图文视频的丰富化到信息更新的高频率，从企业文化的宣传到全球店点的详尽介绍无一不充盈着其品牌时尚、人文、艺术、亲切感等元素，吸引着信息时代消费者们的目光。[①]

    法蓝瓷跨文化营销给阜新玛瑙走向国际提供了非常值得借鉴的经验。阜新的玛瑙店铺应该形成一个联盟，组团建设一个强大的玛瑙品牌，抱团走向世界。阜新玛瑙品牌要走高端文化奢侈品路线，主打阜新玛瑙雕这种工艺，把中华文化融入每一个环节，借中华文化的东风走向世界。

---

① 徐曼：《4P 理论在当代陶瓷工艺品品牌营销策略中的应用》，《陶瓷研究》，2012 年第 3 期，第 37-39 页。

第六章

阜新玛瑙产业发展的管理和保障

第一节
顶层规划设计

一、领导与管理

玛瑙产业的发展涉及到采矿、文化、旅游、教育、园区、资金、政策等方方面面，需要统一领导，系统谋划，步调一致，统筹推进。因此，统一而有力的领导体系和严密而协调的组织体系，是阜新玛瑙产业发展最重要的顶层设计。2007年，阜新市专门成立玛瑙产业管理办公室（阜新市文化产业管理办公室）。2018年，辽宁机关事业单位改革，阜新市原有的玛瑙产业发展管理办公室撤销，其职能一分为三，阜新市文化产业的综合协调工作归入阜新市委宣传部，行政职能划到阜新市文化旅游和广播电视局，事业职能划入阜新市公共文化服务中心。这种划分能够调动相关部门的工作积极性和集聚各方面资源，共同推动玛瑙产业发展。但在此基础上，还应该建立统筹规划和协调推进的领导体系和组织体系。

建议成立阜新市玛瑙产业发展领导小组，由一位市里主要领导担任组长，相关市领导担任副组长，有关部门负责同志担任成员，统筹推进阜新玛瑙产业的发展。阜新市所有和玛瑙产业有关的工作、活动和政策，在市级层面都由这个领导小组决策和协调，都由同一位市领导牵头负责。这样，可以极大地提高政策的协调性，有效整合各方资源，降低协调成本，加快工作推进速度，加大工作推进力度。也只有这样，才能推动阜新玛瑙产业抓住机遇，快速发展。

要强化政府对玛瑙产业的监管职能，加强对玛瑙制品工艺质量的监管，保证质量，维护玛瑙市场健康发展。玛瑙作为一种珠宝玉石，品质和质量鉴定比较复杂，一般消费者仅凭肉眼和经验很难准确鉴定。例如，玛瑙原料质量如何？雕刻工艺水平如何？玛瑙是否人工上色？玛瑙是否煮胶？玛瑙的水胆是否是天然形成的？等等。只有长期从事玛瑙行业的专业人士或利用科学的测量仪器才能准确判断，存在明显的信息不对称现象，具有柠檬市场（也称次品市场）的特征，会出现"劣币驱逐良币"的现象，导致市场逐渐低端化和萎缩化。这就需要政府合理介入，加强监管，保障玛瑙市场健康发展。

阜新市要积极参与或主持玛瑙产业相关国家工艺标准的制定工作，不断提高阜新在玛瑙产业的"话语权"。目前，阜新玛瑙制品的行业标准仅为辽宁省地方标准——玛瑙饰品分级，作为"世界玛瑙之都"，更应该领跑玛瑙行业。所以，地方政府要与上级相关部门通力协作，积极与国家珠宝玉石首饰标准化委员会等单位沟通，推进国家玛瑙产业和产品等标准的制定与申报工作，充分掌握市场主动权。

二、激活协会

行业协会对任何一个行业（产业）的健康发展都起着至关重要的作用。首先，行业协会是桥梁和纽带，一头连着政府（管理者），一头连着企业（经营者）。独特的地位使其成为有效连接企业与政府沟通的桥梁，成为政府制定政策的顾问、参谋。其次，行业协会还是行业的协调器，可以有效协调企业间利益，避免恶性竞争。第三，行业协会是信息交流沟通的渠道，能够促进业内信息交流沟通，促进共同发展。第四，行业协会还应该是一个活动组织平台，和政府一道组织大型活动。

阜新市现有两个玛瑙产业的行业协会，一个是阜新市玛瑙协会，另一个是阜新市十家子镇玛瑙协会。阜新市玛瑙协会成立于2006年，隶属于阜新市玛瑙产业管理办公室。十家子玛瑙协会于2003年9月12日成立，是中国第一个以玛瑙行业命名的民间行业组织。调查表明（具体见第92页表3-26），调查的玛瑙店铺业主仅有16.8%是阜新市玛瑙协会会员，其余83.2%的商家不是玛瑙协会会员。在互联网上找不到协会的网站，也搜不到协会的相关活动，调研中许多店铺也不知道阜新市玛瑙协会的会长是谁，也没听说开展过什么活动。可见，这两个协会目前都不够活跃，参加的人员少，开展的活动少，在行业内缺少影响力，没有发挥协会应有的作用。阜新市一定要高度重视玛瑙产业相关协会的作用，全面激活阜新市玛瑙产业相关协会，助力阜新玛瑙产业发展。

（一）连接政府和企业，当政府的好参谋、好帮手

阜新市玛瑙协会和阜新市十家子镇玛瑙协会，应该立足发挥好政府与玛瑙产业之间的桥梁和纽带作用，定期组织召开玛瑙从业者座谈会，了解玛瑙店铺业主的需求和困难，并代表玛瑙店铺与市政府沟通；而阜新市政府的相关政策和规划，应该通过协会定期向玛瑙店铺业主沟通传达。阜新市玛瑙协会和阜新市十家子镇玛瑙协会还应该积极参与阜新市玛瑙产业规划编制、玛瑙产业行业标准制定、阜新市玛瑙产业园区建设改造等项目和工作，积极为玛瑙产业发展献计献策。

（二）协调行业内各企业，当好协调员和监督员

阜新市玛瑙行业当务之急是全力推进供给侧结构性改革，对玛瑙产业重新定位，推动玛瑙产业从中低档玛瑙玉石整体向文化奢侈品转换。这种转换需要玛瑙行业的经营人员步调一致，迅速减少中低端玛瑙制品的生产和供给，全面提高设计水平和工艺质量，积极提高产品文化品位，全面提高营销水平，大力调整产品结构。这些需要统一玛瑙从业者的经营思想和理念，所有店铺和企业步调协调一致才能取得成功。统一玛瑙店铺的思想和行动不能用行政手段强制实施，需要玛瑙产业协会发挥积极作用。协会要当好协调员，对各玛瑙店铺和企业的商品生产和供给质量提出质量标准，协调好各玛瑙店铺和企业的定价和产品结构。还要当好监督员，对违法行业约定和政府指导意见的经营行为，进行监督，及时纠正。

目前，阜新市玛瑙店铺和企业规模小，实力弱，缺少具有全国性影响力的龙头企业。例如，十家子玛瑙产业基地有大型加工企业 18 家，中型加工企业 156 家，小型加工业户 2560 家。规模较大的企业市场份额占比约为 2%—4%；中型企业市场份额占比为 1%—2%，小企业占据零星市场。①调查表明，阜新市玛瑙店铺月均营业额在 0.5 万元以下的占 31%，0.5 万—1万元的占 33.9%，1 万—3 万元的占 20.6%，3 万—5 万元的占 8.7%，月均

---

① 千讯（北京）信息咨询有限公司 WEB：《中国玛瑙市场前景调查分析报告》2018 资深版，www.qx365.com / www.qianinfo.com.

营业额达到 5 万—10 万元的仅为 3.8%，而月均营业额达到 10 万元以上的店铺比例仅为 2.0%（具体见表第 72 页表 3-1）。阜新市大部分玛瑙加工厂的工人较少（具体见第 74 页表 3-4），玛瑙加工厂雇佣工人 3 人及以下的高达 68.7%，接近七成。玛瑙店铺经营人员也很少，其中营业员人数达到 5 人以上（含 5 人）的店铺仅为 6.6%（具体见第 74 页表 3-3）。这也是中国传统手工艺行业的共同特点，据统计，到 2015 年年底，中国传统手工艺行业共有企业约 5 万多家，大多数传统手工艺企业人数在 100 人以下。[1]在这种情况，阜新市需要玛瑙行业协会发挥协调人的作用，积极整合阜新市玛瑙行业的力量，牵头成立阜新玛瑙产业联盟，全力打造联盟品牌。

（三）定期举办培训会和发布会，当好宣传员和讲解员

阜新市玛瑙协会应该定期举办文化素质和雕刻工艺培训班，对阜新市玛瑙产业的从业者进行文化素质培训、艺术素养培训和雕刻工艺培训，全面提高阜新市玛瑙从业者的文化艺术素养和雕刻工艺水平。阜新市玛瑙协会应该定期举办管理和营销知识培训班，对阜新市玛瑙从业者的经营管理理念、营销战略和营销技巧进行系统培训，提高管理经营水平。培训班要形成固定日期和班次，逐渐形成常态化。协会还应该定期举办行业会议，对阜新市玛瑙产业的重大决策、重大活动和相关政策进行宣传讲解，使玛瑙从业者能够全面了解阜新市的相关政策和活动，在从业者中形成共识。

（四）积极组织开展活动，当好组织者和设计者

阜新市玛瑙协会应该积极设计和开展好重大活动，当好行业重大活动的设计者和组织者，积极建设精品活动，提高阜新玛瑙在全国和全世界的知名度、美誉度和影响力。

（五）加强领导，强化管理，强力支持

阜新市玛瑙协会的主管部门要加强对阜新市玛瑙协会的指导，抓好协会领导人的选拔工作；积极指导协会完善章程，制订科学的活动计划，对相关活动进行认真指导；支持协会积极发展会员，提高会员的数量、质量和活跃度。阜新市相关部门要加大对协会的投入，对活动经费、活动场地、活动组织等给予全面支持，相关部门领导要经常参加协会活动。

---

[1]《2016—2022 年中国民间手工艺品市场运营态势及投资战略分析报告摘要》，http://www.chyxx.com/research/201604/405050.html，2016 年 4 月 13 日。

三、发展规划

发展规划是一个行业发展方向、思路、任务和活动的重要指导性文件。阜新市玛瑙产业的发展最初是自发的，但需要政府在适当的时候进行引导，才能进一步发展壮大。政府的引导和支持是一个系统工程，需要一个科学的发展规划作为重要的顶层设计给予固化。阜新市一直非常重视玛瑙产业发展规划的制定工作，在 2017 年制定了《阜新市玛瑙产业发展"十三五"规划》，规划包括指导思想、发展目标、功能定位、发展重点和保障措施，大约 5000 字。这个规划内容比较简单，指导性、约束性和可操作性不强，而且 2020 年即将到期，应该尽快组织制定一个中长期发展规划。

规划要厘清指导思想。阜新玛瑙产业发展的指导思想应该从传播中华文化、增强文化自信的高度，基于人类文化发展走向和人类社会消费革命趋势，面向全国和世界，通过科学规划、政策引导、机制创新、集聚资源、完善生态、激活主体、多元互动，全面提升产品设计的艺术水准和文化品位，大力加强品牌建设，积极扶持龙头企业，推动玛瑙产业持续健康快速发展，推动阜新建设名副其实的"世界玛瑙之都"。

规划要明确发展目标。阜新玛瑙产业的发展目标应该是建设全球规模最大、文化品位最高、产业链最完整、最具影响力并能够持续自我进化的玛瑙制品创作、加工、交易的健康的玛瑙产业生态系统。具体要把阜新建设成为全球玛瑙交易集散中心、文化活动中心、设计加工中心和人才培养中心。

规划要科学设计阜新玛瑙产业发展的空间布局。阜新市十家子镇建设玛瑙原石的交易集散基地，主要进行玛瑙原石的交易、玛瑙赌石淘宝和玛瑙加工体验。阜新市城区要建设玛瑙销售体验和人才培养基地，主要进行玛瑙工艺品的销售、文化展示、拍卖鉴定、研讨交流和雕刻技艺体验以及人才培训等工作。

规划要明确发展任务。阜新玛瑙产业发展要以推进四大战略作为主要任务和抓手。首先，是玛瑙制品文化价值提升战略。全面提升阜新玛瑙工艺品的设计水平和文化品位，把玛瑙工艺品作为传播中华优秀文化的重要平台和承载绿色生态文化的重要载体，大胆创新，通过设计创新提升文化品位，提高阜新玛瑙的文化内涵。其次，是工艺质量提升战略。制定阜新玛瑙制品质量分级标准，全面提升玛瑙制品每个环节的工艺质量，使阜新玛瑙成为高水平工艺的代表。再次，是品牌提升战略。对阜新玛瑙工艺进行重新定位，对阜新玛瑙从业人员进行现代营销知识培训，邀请国内知名品牌公司进行业务外包，全力支持有条件的玛瑙加工销售企业打造全球知名珠宝玉石奢侈品品牌，努力把阜新玛瑙制品打造成全球高端奢侈品品牌。最后，是人才培养战略。在辽宁工程技术大学筹建艺术学院，培养艺术设计、珠宝鉴定等高学历人才；整合相关资源成立阜新玛瑙工艺学校，开展玛瑙设计加工相关专业的中等职业和专科教育，培育职业人才；把玛瑙高端加工设计人才纳入阜新人才引进计划，给予同等待遇；利用辽宁工程技术大学和阜新高专、阜新玛瑙学校等高中等学院的教育培训资源，从全国聘请高水平教师，对玛瑙产业从业人员进行全面培训，提高从业人员的文化品位和艺术修养以及管理和营销水平，对玛瑙加工工人进行工艺培训，全面提高设计加工水平。

第二节
形象设计与传播

一、城市形象识别与玛瑙产业宣传

城市与产业的关系密不可分，互相影响极大。玛瑙产业是阜新市的主导产业，是阜新城市的名片。阜新玛瑙产业的形象宣传需要和阜新市城市形象传播有机结合起来，科学设计，系统宣传，才能起到很好的效果，这需要基于玛瑙产业特色来科学设计阜新市的城市形象识别系统（CIS）。

城市形象识别系统（CIS）是 City Identity System 的缩写，是指将 CIS（Corporate Identity System）的理论、方法与城市设计结合，实现城市规划和艺术设计学科的边缘交叉。城市 CIS 是从公共关系、企业形象识别系统与城市历史文化和产业特色的融会贯通中生长发育出来的一门交叉科学。其基本内涵在于要通过挖掘城市历史文化与经济的内质来给予城市规划以准确的定位，通过形象来表达城市的文化内涵，使城市具有个性与特色。城市 CIS 包括对城市理念、城市行为活动、城市形象、城市环境、城市构成、城市规模等各类要素的总体概括。

阜新应该聘请国内知名的城市形象识别公司，在阜新市委宣传部的统一领导下，从把阜新打造成名副其实的"世界玛瑙之都"出发，对阜新市城市理念、视觉、行为等进行全面的设计，统一组织城市形象传播活动。

二、组织大型活动

阜新市政府和阜新市玛瑙行业协会密切合作，举办有国际影响的大型活动，提高阜新玛瑙行业在全球的知名度、美誉度和影响力。

（一）举办"中国阜新世界玛瑙文化节暨中国阜新世界玛瑙博览会"

2006 年 7 月 24 日，由中国珠宝玉石首饰行业协会、辽宁省文化厅、辽宁省经济与信息化委员会、辽宁省商务厅、辽宁省国土资源厅、辽宁省地质矿产勘查局、辽宁省旅游局、辽宁省珠宝玉石首饰行业协会与阜新市人民政府共同主办的"中国阜新玛瑙节暨中国阜新玛瑙博览会"在阜新市隆重开幕，到 2018 年已举办了 13 届。中国阜新玛瑙节开始还是比较成功的，在全国也有一定的影响力，为阜新玛瑙产业的文化交流、产业发展、经贸合作和产品提升搭建了发展平台，也填补了中国无玛瑙专业展会的空白，创造了"世界玛瑙之都"的特色城市文化品牌。但随着阜新玛瑙制品需求下降，加之阜新市地理位置偏僻、地方财力不足等原因，中间有几年甚至只办了网上文化节，影响力在衰减。中国阜新玛瑙节是我国唯一的玛瑙专业节会平台，具有一定的基础和影响力，是一个很好的活动平台。阜新市应该进一步提升和激活这一平台，应该积极协调世界手工艺理事会作为主办单位，把活动升级为中国阜新世界玛瑙文化节暨中国阜新世界玛瑙博览会，主打全国首批非物质文化遗产阜新玛瑙雕和阜新水草玛瑙、马达加斯加海洋玉髓与巴西象形玛瑙的中华文化特色牌，打造国际品牌，提升世界影响。

（二）举办"红玛瑙杯"世界玉石雕刻大赛

2006 年 7 月阜新市举办首届"红玛瑙杯"全国玉石雕刻大赛。截至 2018 年 9 月，已经成功举办了 7 届。要把"红玛瑙杯"全国玉石雕刻大赛升级为"红玛瑙杯"世界玉石雕刻大赛，办成世界玉石雕刻界的重要赛事。以国际比赛为平台，宣传和推介阜新玛瑙产业，提升阜新玛瑙产业的文化品位和国际影响力。

（三）举办玛瑙文化大型表演

聘请国内知名导演，拍摄玛瑙大型主题实景演出，打造常规性的玛瑙文化旅游演出品牌节目，扩大阜新玛瑙产业的影响力。

三、全方位宣传

一个城市及其产业的宣传具有明显的外部性。所以，主要推动方应该是城市政府。由于阜新市政府财政收入入不敷出，阜新玛瑙产业的宣传力度不够。调查表明，有 15.7% 的玛瑙店铺认为阜新市政府的宣传力度非常强；14.7% 的店铺认为阜新市政府的宣传力度强；44.6% 的店铺认为阜新市政府的宣传力度一般；12.0% 的店铺认为阜新市政府的宣传力度弱，13.0% 的店铺认为阜新市政府的宣传力度非常弱（具体见表 6-1）。可见，大部分玛瑙从业者认为政府应该加大宣传力度，增加阜新玛瑙的知名度。

表 6-1　政府品牌宣传建设力度

品牌宣传建设力度	频数	有效百分比
非常强	104	15.7
强	97	14.7
一般	295	44.6
弱	79	12.0
非常弱	86	13.0

数据来源：辽宁工程技术大学阜新转型创新发展研究院，阜新市玛瑙店铺经营状况调查，2018.6

（一）充分发挥传统媒体的正规军作用，大力开展植入性宣传

包括电视、电影、广播、报纸、杂志在内的传统媒介，有政府作为背书，在大众中有广泛的群众基础。阜新市各级政府要发挥传统媒体的正规军作用，全方位宣传阜新玛瑙产业，尤其是开展植入性宣传。

植入式宣传是指将产品或品牌及其代表性的视觉符号策略性融入电影、电视剧或电视节目内容中，通过场景或故事的再现，让观众对产业、产品或城市留下特殊印象，继而达到宣传的目的。成功的植入式宣传与传媒载体相互融合，将城市产业或发展特色信息以非广告的表现方法，在受众无意识的情态下，悄无声息地灌输给受众，会起到非常好的效果。例如，电影《中国地》就将朝阳市的化石巧妙地融入电视剧中，使辽宁省朝阳市的化石家喻户晓。阜新市可以在电视、广播、报纸等传统媒介上密集报道阜新玛瑙雕作为全国首批非物质文化遗产和阜新被评为"世界玛瑙之都"等新闻，尤其是中央电视台的相关报道，会对阜新玛瑙产业起到非常好的宣传作用。可以把阜新宝珠营子为乾隆皇帝献朝珠的传说，植入清朝宫廷剧中；可以把阜新血胆玛瑙的传说，植入抗战题材的电视剧中；可

以把阜新水草玛瑙和马达加斯加海洋玉髓玛瑙植入目前热播的中国诗词大会，用水草玛瑙和马达加斯加海洋玉髓玛瑙中的水墨画意境作为考题，甚至可以到阜新现场办一场"诗词天意"的玛瑙艺术品大赛。

（二）引导新兴媒体资源，积极开展多元化宣传

日益崛起的互联网深刻地改变了现代人的生活形态，以互联网技术为基础诞生了一大批新兴媒体资源，成为最新的时尚传播平台，备受大众尤其是年轻人的青睐。这些新兴媒体不仅拥有网络传播信息的渠道功能，还具有交互性、多媒体、数字化、实时性传播资讯的优势。[1]

据第 40 次《中国互联网络发展状况统计报告》显示，截至 2017 年 6 月，中国手机网民规模达 7.24 亿，使用手机上网的比例提升至 96.3%，越来越多的网民选择消费资讯视频，在视频网站上获取资讯的人数增长 228%。截至 2017 年 9 月，微信日登录用户 9.02 亿，较 2016 年增长 17%；公众号月活跃账号数 350 万，同比增长 14%，月活跃粉丝数 7.97 亿。而微博月度活跃用户数为 3.76 亿，其中移动端占比达 92%。2017 年中国在线直播用户规模达到 3.92 亿，较 2016 年增长 26.5%，短视频领域月活跃用户量达到 1.9 亿。自 2016 年 10 月起，美食和游戏领域直播增幅达到 341.8% 和 342.6%，短视频实现了集中爆发，市场空间持续扩大。[2]

在新媒体风潮中，玛瑙玉石行业也开始加入，并在一些城市取得不错的成绩。例如，广东的四惠市，网上直播玛瑙销售的人超过 1 万人。阜新可以尝试招募一批收藏加工品鉴方面的主播，发动和鼓励阜新市民和学生录制短视频，形成高热度。还可以对阜新玛瑙业主进行网络直播的培训，每月评选人气最佳主播，开设微信公众号，举办玛瑙精品评选等活动。

随着传播技术的发展和传播形态的多元化，还不断涌现其他新兴媒体，如楼宇电视、杂志等。楼宇电视不以媒介内容作划分受众的标准，而是以生活圈为依据，布置在高级商务写字楼的电梯或等候大厅，具有一定的收视强制性，能有效地吸引中高端受众的注意力。出现在高档会所、写

---

① 蔡依璐：《新奢侈品营销传播的时尚文化意蕴》，浙江大学硕士论文，2016 年。
②《中国新媒体现状、特点和未来》，http://www.sohu.com/a/219377117_708049，2018 年 1 月 28 日。

字楼、餐厅的杂志也已经成为一股新生媒介力量，在巴黎春天等候就餐的年轻白领随手拣起一本图文并茂的杂志，就能从中捕获不少最新的流行资讯和消费讯息。这些新兴媒体多为分众媒体，在大众注意力严重碎片化的今天，它们的存在有着非常重要的意义。阜新市政府可以统一拍摄阜新玛瑙产业宣传片。

（三）发挥政府官员、玛瑙产业从业人员、城市市民的作用，积极推动人际传播

人际传播是宣传的重要途径。很多消费者不仅通过媒体获取商品信息，他们也通过在日常生活的实践，对街头、商场流行时尚的观察，以及在与周围人的交流中获取商品信息。

有效人际传播的前提是消费者对商品信息的准确了解。对于阜新玛瑙产业而言，阜新市市民，尤其是玛瑙产业的从业者对玛瑙特色、水平、工艺、文化的全面了解是通过人际传播有效宣传玛瑙的前提条件。但阜新市玛瑙产业从业者对阜新玛瑙产业的了解情况很差。例如，调查表明（见第91页表3-24），只有51.9%的玛瑙商家知道阜新玛瑙雕刻为国家非物质文化遗产，有48.1%的玛瑙商家对此不清楚甚至认为阜新玛瑙雕刻不是国家非物质文化遗产，说明一些商家对阜新玛瑙雕刻工艺不甚了解，仅仅把阜新玛瑙雕刻工艺品当作普通商品。由阜新玛瑙商家对阜新获评"世界玛瑙之都"称号的评价可知，绝大多数人认为阜新获评"世界玛瑙之都"称号是实至名归，占比82.6%，但也有17.4%的人认为这是名不副实（见表6-2）。这说明，由于阜新玛瑙市场发展不景气，导致了一些负面看法，这种状况不利于阜新玛瑙的人际传播。

表6-2　顾客对阜新获评"世界玛瑙之都"的评价

顾客评价	频数	有效百分比
实至名归	540	82.6
名不副实	84	12.8
瞎忽悠	30	4.6

阜新市政府、玛瑙行业协会应该定期举办玛瑙文化品鉴会、研讨会等，阜新电视台设立玛瑙文化专栏，把玛瑙写入阜新市中小学课本，让阜

新市民都成为玛瑙加工、品鉴专家，使阜新市民在各种场合都成为玛瑙的宣传员，这种通过阜新市民日常交流渠道传播玛瑙文化，会使玛瑙的信用飞轮 [①] 迅速旋转起来。

[①] 2018 年 12 月 31 日，罗振宇 2018《时间的朋友》跨年演讲开幕，主题围绕"小趋势"展开，除了介绍小趋势、如何抓住小趋势之外，罗振宇还介绍了抓住小趋势的力量，并引出了"信用飞轮"的概念。罗振宇表示，"人和人的感知一旦叠加，会形成一股旋涡般强大的力量，不断地卷入更多的人、更多的外部资源，推动一个东西飞速旋转，我称它为'信用飞轮'"。

第三节
资源集聚提升

一、人才培养与引进

人才是阜新玛瑙产业发展的关键，是阜新玛瑙产业发展的第一资源，阜新应该采取有力措施，培养和引进各层次的玛瑙产业人才。

（一）大力弘扬工匠精神，培育高素质的玛瑙工匠

2016 年，中国政府工作报告首次出现"工匠精神"一词，强调精益求精的制造和服务。中国的工匠精神，源于传统工艺的踏实、纯粹、精致，在当今又进一步指导传统民间工艺行业走好技艺极致、产品精致、文化雅致的道路，对使用者将心比心，连同匠人的揣摩感悟，倾注于工艺之中，焕发东方智慧的迷人光彩。工匠精神不只是对已有工艺的坚守和细作，更是深悟工艺文化内涵后的思考和创新，摒弃浮躁和虚荣，维护工艺文化的多样性和个性化，以匠人之心，传匠人之志，扬文化之美，树工艺品牌。对传统民间工艺企业而言，匠人就是品牌的大使，他们为消费者创造了价值，兑现了企业做出的承诺。阜新玛瑙加工虽然有悠久的历史，但目前玛瑙加工的从业者不少是农民，以从事农业为主，玛瑙加工是副业，一些人缺少工匠精神，手艺粗糙。因此，阜新玛瑙产业要提高文化品位和工艺质量，培育大量的玛瑙匠人，要注意宣传和弘扬工匠精神作为重点，推进工匠精神和雕刻技艺同步培育，协调推进。

（二）要建立多层次的人才培养机制，培育各层次各门类的人才

阜新市可以依托中国工艺美术协会、中国珠宝玉石首饰行业协会、鲁迅美术学院、辽宁工程技术大学、阜新高专等行业组织和高校的艺术和文

化类学科专业优势，培养一批艺术素养精深、国学素养厚重、设计水平高超、鉴赏水平专业的高素质玛瑙产业艺术人才。要依托辽宁工程技术大学、辽宁大学等高校的经济管理专业的学科专业基础和 MPA/MBA 培养平台，加快文化产业重点专业和学科建设，努力培养既熟悉玛瑙文化、玛瑙工艺又懂经营善管理的高层次复合型玛瑙产业经营管理人才。要依托辽宁美术职业学院、大连艺术职业学院、阜新旅游学校、辽宁经济管理干部学院等高职技术学院的艺术设计和文化产业相关专业，培养创意、设计等高技能实用人才。

（三）依托产业园，做好创意产业优秀人才的创业孵化工作

依托玛瑙创意产业园等平台，建立大学生创业园，将玛瑙产业与"双创"结合起来，整合现有创业扶持政策，用于资助玛瑙人才从事创新创业，以此吸引国内外玛瑙雕刻、设计、镶嵌人才汇聚阜新，为玛瑙产业发展蓄积更多高端人才。

（四）建立完善的人才引进、选拔、培养和使用机制，出台专项玛瑙产业人才支持政策

依托兴辽英才计划等辽宁省各类人才项目，引进玛瑙设计雕刻及营销推广方面的高端人才。阜新市应尽快出台和实施《玛瑙产业发展人才选拔、培养、使用政策》，建立玛瑙人才队伍建设的专项资金，对玛瑙人才引进、培训培养、承担重大课题以及人才奖励等工作实施专项资金投入。

二、资本集聚和税费减免

（一）多渠道吸纳资本，提升阜新玛瑙产业发展的资本丰厚度

2017 年，国内珠宝圈的收（并）购热持续升温，刚泰集团、金一文化、爱迪尔、通灵珠宝四家上市公司扛起"产业整合者"大旗，成为 2017 年度资本并购潮的主要"玩家"，凸显了当前国内珠宝行业产业并购的两大方向。第一是收购国际品牌。通过跨国收购国外品牌，迅速实现品牌形象提升。与国际收购平行的另一个方向，则是在行业内展开并购，通过企业间的资源整合实现渠道规模扩充。金一文化、爱迪尔均是如此。事实上，随着近两年并不景气的行业环境，规模较小的区域性珠宝企业，受限于发展瓶颈，已经出现了较为强烈的被整合意愿，他们越来越倾向于被上

市公司收购整合，通过另一种方式踏入资本市场或者实现变现。目前，国内珠宝类 A 股上市公司数量只有 10 家。中国黄金珠宝市场目前仍然是一个集中度较低的市场，整合空间巨大。在资本的撬动下，行业洗牌与整合的大势将不可避免。①

玛瑙产业的健康发展离不开资本的力量，尤其是阜新玛瑙产业需要提升为奢侈品，和资本的结合迫在眉睫。阜新玛瑙产业的融资一定要放眼全国甚至全世界，积极与 A 股珠宝上市公司联系，创造条件协调和支持 A 股珠宝上市公司到阜新整合玛瑙企业，形成阜新玛瑙行业的企业航母，打造国际知名玛瑙品牌。积极引进大型文化旅游企业或投资公司的资本对阜新市玛瑙产业进行投资和改造，并引进先进的管理和营销手段，有效提升阜新玛瑙产业的发展水平。

（二）降低玛瑙产业经营费用，帮助玛瑙店铺渡过难关

阜新玛瑙店铺由于礼品需求的迅速收缩，以及对需求变化的调整能力不足等原因，导致阜新玛瑙产业销售收入下滑；同时，由于玛瑙原石的不可再生性，近几年，玛瑙原石价格不断上涨。从表 6-3 中可以看出，有 59% 的人认为近 5 年来玛瑙原石价格上涨，其中认为上涨 50% 以内的占 41%，认为上涨幅度在 50%—100% 的占 13.7%，上涨幅度在一倍以上的占 4.3%。对于具体的玛瑙原石种类而言，如表 6-4 和表 6-5 所示，认为马达加斯加海洋玉髓玛瑙原石价格近五年上涨的占 59.7%，其中有近 20% 认为上涨幅度超过 50%；认为北票战国红玛瑙原石价格近五年上涨的占 48%，其中有超过 20% 的人认为上涨幅度超过 50%。

表 6-3　近五年玛瑙原石价格的变化趋势

变化趋势	频数	有效百分比
上升 50% 以内	267	41.0
上升 50%—100%	89	13.7
上升 100% 以上	28	4.3
累计下降 50% 以内	116	17.8

---

① 吕磊、任心悦、李蔓、马佳、张圆：《2018 中国市场报告：新消费革命已启幕（上）》，http://www.gold.org.cn/hjbindex/tjlm/syds/201803/t20180320_177875.html. 2018 年 3 月 20 日。

变化趋势	频数	有效百分比
累计下降 50%—100%	45	6.9
累计下降 100% 以上	10	1.5
稳定	96	14.7

数据来源：辽宁工程技术大学阜新转型创新发展研究院，阜新市玛瑙店铺经营状况调查，2018.6

表 6-4　近五年马达加斯加玛瑙原石价格的变化趋势

变化趋势	频数	有效百分比
上升 50% 以内	257	40.3
上升 50%—100%	92	14.4
上升 100% 以上	32	5.0
累计下降 50% 以内	86	13.5
累计下降 50%—100%	40	6.3
累计下降 100% 以上	13	2.0
稳定	117	18.4

数据来源：辽宁工程技术大学阜新转型创新发展研究院，阜新市玛瑙店铺经营状况调查，2018.6

表 6-5　近五年北票战国红玛瑙原石价格的变化趋势

变化趋势	频数	有效百分比
上升 50% 以内	162	25.9
上升 50%—100%	93	14.9
上升 100% 以上	45	7.2
累计下降 50% 以内	146	23.3
累计下降 50%—100%	55	8.8
累计下降 100% 以上	16	2.6
稳定	109	17.4

数据来源：辽宁工程技术大学阜新转型创新发展研究院，阜新市玛瑙店铺经营状况调查，2018.6

在玛瑙原石价格上涨的同时，玛瑙产业的人工成本也在不断攀升。调查数据表明（具体见表6-6），认为玛瑙加工成本（人工成本）近5年上升的占57.3%，其中认为上升幅度在50%以内的占42.3%，上升幅度在50%—100%的占12.4%，上升幅度在100%以上的占2.6%。

表6-6　近五年玛瑙产品加工成本（人工成本）的变化趋势

变化趋势	频数	有效百分比
上升50%以内	279	42.3
上升50%—100%	82	12.4
上升100%以上	17	2.6
累计下降50%以内	111	16.8
累计下降50%—100%	24	3.6
累计下降100%以上	11	1.7
稳定	135	20.5

数据来源：辽宁工程技术大学阜新转型创新发展研究院，阜新市玛瑙店铺经营状况调查，2018.6

销售收入下降和成本的全面上升给玛瑙店铺和企业的经营造成了很大的经济压力，许多店铺表示，如果不是自己购买的店铺，不需要交租金，真的难以为继、不少玛瑙店铺长期不进新货，有的只是偶尔开一下门，而有的店铺干脆关门歇业。鑫维玛瑙宝石城三楼有超过一半玛瑙摊位无人经营，二楼的雅间也空着不少。因此，阜新市政府应该积极采取有效措施，降低玛瑙店铺的经营成本，帮他们渡过难关，增强未来发展信心。

三、建设阜新市新型玛瑙文化创意产业社区

阜新市区没有玛瑙产业园区，只有两座玛瑙销售市场：一座是阜新玛瑙城，建于2003年，占地6000平方米；另一座是鑫维玛瑙宝石城，2007年建成，玛瑙营业面积18150平方米，设有193个精品间，228个摊位。两座玛瑙城都坐落在太平区，仅隔一条大街。营业时间一般从上午九点到晚上五点。

近年来，文化创意产业园区建设已经从园区化、街区化向"社区化"

演进，^①开始建设文化创意产业社区。产业社区的概念主要是注重运用科技手段、信息网络来促进创意社群与创意生态的营造，社区不仅仅是工作、生活、消费、休闲的空间，还要在相应领域创意生态体的形成和创意社群集聚的过程中，提供系统的功能性服务。^②

阜新市应该重新规划建设一个新型玛瑙文化创意产业社区。社区地址可以选在玉龙新城，围绕玉龙湖开发建设集玛瑙创意设计、加工、品鉴、交易、定制、教育、表演、生活、休闲、体验等功能齐全的玛瑙产业文化主题社区，社区建设中国玛瑙博物馆、阜新玛瑙学校、玛瑙鉴定中心、玛瑙文化研究院、玛瑙咖啡厅、玛瑙设计研究院、玛瑙拍卖中心、红玛瑙剧院、玛瑙设计雕刻工作室、玛瑙销售中心、玛瑙公寓等，每天营业到子夜12点，成为玛瑙收藏爱好者之家、玛瑙旅游体验者之家、玛瑙从业者之家，为阜新集聚和培育出新的"玛瑙产业文化创意阶层"，孵化和集聚大量的玛瑙加工和创意企业，也为城市的社会阶层结构带来了一个新的社会群体。玉龙新城与阜新高铁站直线距离非常近，步行15分钟左右即可到达，玛瑙文化创业产业社区可以吸引整个辽宁甚至京津冀和东北的玛瑙玉石爱好者。

玛瑙文化创意产业社区是一个综合社区，但核心还是企业。阜新市新型玛瑙文化创意产业社区中的企业应该是"大 + 小"共生模式。在许多文化创意产业的讨论中，都习惯性假设艺术和文化为主导的中小企业是这个产业的核心部门，比如艺术大师工作室、作坊、小规模个性化定制（小工艺生产者）等，而似乎忘记了苹果、迪士尼、时代华纳、WPP 的存在。^③实际上，超大型的文化创意企业和小微型企业应该和谐共生，互相依存。对于文化创意产业而言，大企业具有资本优势和品牌优势，而小企业具有文化创新优势和成本优势，应该把这两种优势结合起来。对于阜新玛瑙文化创意产业社区而言，政府应该大力支持建设几家超大型玛瑙加工销售企业

---

① 周蜀秦、李程骅：《文化创意产业驱动城市转型的作用机制》，《社会科学》，2014 年第 2 期，第 66-75 页。

② 王慧敏：《文化创意产业集聚区发展的 3.0 理论模型与能级提升——以上海文化创意产业集聚区为例》，《社会科学》，2012 年第 7 期。

③ 周蜀秦、李程骅：《文化创意产业驱动城市转型的作用机制》，《社会科学》，2014 年第 2 期，第 66-75 页。

作为龙头企业，这些企业要有雄厚的资本、宽广的国际视野和世界级的品牌影响力，对玛瑙原料和玛瑙工艺品的价格有一定的控制能力，能够带领阜新玛瑙产业步入文化奢侈品行列。园区还应该有海量的小微型玛瑙设计加工企业，这些小微型企业和龙头企业互相配合，形成一个完整的产业生态系统，推动阜新玛瑙产业健康持续发展。

政府相关部门要在玛瑙文化创意产业社区设立版权登记办公室、知识产权法律服务站、珠宝产品检测鉴定中心等公共服务平台，同时会同省相关部门争创国家知识产权保护规范化培育市场。

十家子玛瑙小镇应该打造成玛瑙加工、体验、寻宝、交易、休闲的玛瑙文化创意体验小镇，打造全国玛瑙原石交易中心，玛瑙玉石淘宝收藏和体验小镇。

四、玛瑙产业与旅游业等有机融合

阜新市应该积极推动玛瑙产业资源一源多用，强化中介体系，促成跨界与跨业整合，在更大范围内实现玛瑙产业及相关产业的资源优化整合，拓展玛瑙产业发展空间和价值空间，提升玛瑙产业关联价值和带动作用。将阜新玛瑙产业与电子商务、物流相融合，大力发展玉石物流产业。玛瑙作为珠宝玉石装饰，其包装必不可少，作为高档饰品，玛瑙产业的发展也促进着包装行业的发展。随着人们收入和教育程度的提高，消费者对于商品的需求已经不仅仅停留在功能上，而是对商品的审美品位提出了更高的要求。因此，商品的包装成为了现代商品营销的重要环节。2016年全国包装工业总产值突破1.9万亿大关，实现了包装工业历史性跨越。阜新市可以利用自己的林草业和劳动力优势，大力发展包装产业。

通过打造"体验玛瑙文化、赏购玛瑙精品"为主题的文化旅游活动，将阜新玛瑙产业与旅游业有机融合。实践证明：人的文化需求是旅游的重要动因，旅游过程实际上是人对文化的体验和享受。出行旅游有物质需求，但更深层的则是精神文化需求。在旅游活动中，人们观摩艺术节庆和演艺，参观历史古迹，游览名山大川，体察风土人情，时刻都在触摸文化脉搏，感知文化神韵，汲取文化营养。旅游是一种经济活动，更是一种文化活动，一次难忘的旅游，必定是一次文化之旅、精神之旅、魅力之旅。

世界旅游组织的有关调查发现，越是中高端的旅游者，对于自然、人文和多样化文化体验的要求就越强烈。文化与旅游形成深度融合，就成为21世纪新经济发展的一个新模式。相关数据显示：我国旅游业向文化创意产业购买文化、设计、品牌、节庆、会展等软性价值非常少，说明文化创意产业向旅游业提供的适销对路的产品和服务太少，旅游业急需的文化魅力产品和服务太缺乏。阜新市应深度开发玛瑙产业的文化内涵，与旅游业深度结合，全面激活阜新的旅游业。

首先，依托阜新市现有的玛瑙产业和旅游市场，培育大批兼有玛瑙文化创意和旅游开发功能的企业，它们既包括跨国公司，也包括专业化的供应商、服务商、中介商，以及充满活力的中小微型企业，能够依托产业发展的规律，形成玛瑙产业与旅游融合的价值链、服务链和供应链。

其次，依托阜新玛瑙丰厚的历史文化资源，开发大量的文化创意内容产品，包括文学、影视、动漫、游戏、视听艺术等，并且采取渠道传播、品牌营销、衍生产品、形象塑造等多种举措，带动更大范围的旅游消费市场。

第三，打造玛瑙产业与旅游兼容的品牌集群，充分发挥品牌在吸引资源、吸引游客、提升城市影响力等方面的巨大作用，努力争取国内外广大游客的好感和认同。五大世界城市的主要艺术节和庆典活动，如狂欢节、音乐节等，每年伦敦有254次，巴黎有360次，纽约有309次，东京有485次，而上海为33次。参加主要艺术节和节庆活动人数占城市人口的比例纽约为30%，伦敦为19%，上海为13%。[①]可见，中国文化产业与旅游业结合还有很大潜力，北京和上海与国际差距尚且如此，阜新差距就更大了，但这也恰恰说明阜新市很大的发展空间和潜力。

五、阜新玛瑙产业与辽宁区域化石玉石资源整合

辽宁有历史非常悠久的玉石文化考古资源，更有非常丰富的化石资源和玉石资源。阜新市除了玛瑙资源外，还因为查海出土世界第一玉和华夏第一龙，被誉为"玉龙故乡，文明发端"。毗邻阜新的朝阳市，其辖区内

---

① 花建：《文化创意产业与相关产业融合发展的四大路径》，《上海财经大学学报》，2014年第4期，第26—35页。

的北票市是玛瑙中的极品战国红玛瑙的产地，其辖区内的牛河梁是红山文化的所在地，其核心是发掘出大型祭坛、女神庙、积石冢群、大量玉质礼器和陶器，证明五千年前这里曾存在过一个具有国家雏形的原始文明社会，这一重大发现把中华文明史提前了1000多年；同时，朝阳市因为发现了世界上最早的鸟类"中华龙鸟"和开花的植物"辽宁古果"，被誉为"世界上第一朵花盛开和第一只鸟飞起"的地方，拥有世界上系统最完整的"热河生物群"珍奇的古生物化石资源，被誉为"世界古生物化石宝库"。鞍山市岫岩满族自治县的特产岫岩玉，是中国国家地理标志产品，为中国历史上的四大名玉之一（其余三个为陕西蓝田玉、新疆和田玉和河南独山玉）。辽宁本溪所产辽砚，又称桥头石砚，是以本溪桥头镇附近所产的确良青紫云石为原料雕制而成，在100多年前就被视为砚中佳品，并曾作为清代帝室的贡品而名震关东。

辽宁省的阜新、朝阳、鞍山和本溪四市的玉石产业都有很好的产业基础和历史传承，地理空间上分布也很近，交通非常方便，但现在各自为战，没有发挥整体优势。建议阜新、朝阳、本溪和鞍山这四个城市，统筹规划，协调推进，形成合力，共同建设覆盖辽宁和蒙东地区的玉石生产销售和旅游大区，打造世界玉石文化旅游中心区。

附　录

附录1：阜新市玛瑙店铺经营状况调查问卷

问卷编号：＿＿＿＿＿＿＿　　　　调查时间：＿＿＿＿＿＿＿

调查人员：＿＿＿＿＿＿　　　　　店铺名称：＿＿＿＿＿＿＿

阜新市玛瑙店铺经营状况调查问卷

尊敬的店主：

您好！我们是辽宁工程技术大学调研组，此次调研旨在了解阜新市玛瑙产业发展状况，并希望为阜新市城市转型提供研究依据，故特此邀您参与此次调查。本次问卷采用匿名形式填写，您客观真实的填写将是我们调查分析结果的重要依据，感谢您的合作！

公共管理与法学院

阜新转型创新发展研究院

第一部分　店主和店铺基本情况

1. 您的性别：

A. 男　　　　　　　B. 女

2. 您的年龄：

A. 20 岁以下　　　　B. 20—30 岁　　　　C. 30—40 岁

D. 40—50 岁　　　　E. 50—60 岁　　　　F. 60 岁以上

3. 您的文化程度：

A. 初中及以下　　　B. 高中　　　　　　C. 专科

D. 本科　　　　　　E. 研究生及以上学历

4. 您大学读的专业：

A. 艺术类　　　　　B. 人文社会科学　　　C. 理工类

D. 其他专业　　　　E. 无

5. 您从事玛瑙行业的时间为：

A. 不足 1 年　　　　B. 1—3 年　　　　　C. 3—5 年

D. 5—10 年　　　　E. 10 年以上

6. 店铺雇佣营业员的数量为：

A. 0 人　　　　　　B. 1 人　　　　　　C. 2 人

D. 3 人　　　E. 4 人　　　　F. 5 人　　　G. 5 人以上

所雇佣营业员的文化程度主要为：

A. 初中及以下　　　B. 高中　　　　　　C. 专科

D. 本科　　　　　　E. 研究生及以上学历

7. 是否有自己的玛瑙加工厂：

A. 否　　　　　　　B. 是

加工厂有多少工人：

A. 3 人及以下　　　B. 4—6 人　　　　　C. 7—10 人

D. 11—15 人　　　　E. 15 人以上

加工厂工人的文化程度：

A. 初中及以下　　　B. 高中　　　　　　C. 专科

D. 本科　　　　　　E. 研究生及以上学历

8. 您店铺月平均营业额为：

A. 0.5 万元以下　　B. 0.5 万—1 万元　　　　C. 1 万—3 万元

D. 3 万—5 万元　　E. 5 万—10 万元以上　　F. 10 万元以上

第二部分　玛瑙产品生产加工及销售

9. 您家哪类玛瑙产品销量好（多选）：

A. 小首饰挂件　　　B. 手把件　　　　　C. 大摆件

D. 小摆件　　　　　E. 手镯　　　　　　F. 其他

10. 您家玛瑙产品存货价值大概有多少：

A. 1 万元以下　　　B. 1 万—5 万元　　　C. 5 万—10 万元

D. 10 万—20 万元　E. 20 万—50 万元　　F. 50 万—100 万元

G. 100 万元以上

11. 您所销售的玛瑙产品的来源有（多选）：

A. 成品供货商　　　　　　　B. 本市其他玛瑙加工厂

C. 市外玛瑙加工厂　　　　　D. 自己加工

您所加工的玛瑙原石主要来源于（多选）：

A. 阜新本地　　　　　　　　B. 国内其他玛瑙原石产地

C. 国外玛瑙原石产地

目前店铺原石存量大约为_____（公斤）

12. 近 5 年来，您家玛瑙产品的销售利润的变化趋势为：

A. 上升幅度 50% 以内　　　　B. 上升幅度 50%—100%

C. 上升幅度 100% 以上　　　　D. 累计降 50% 以内

E. 累计降 50%—100%　　F. 累计降 100% 以上　　G. 稳定

13. 您家哪个价位的玛瑙产品销售最好：

A. 50 元以下　　　B. 50—100 元　　　C. 100—500 元

D. 500—1000 元　　E. 1000—5000 元　　F. 5000—10000 元

G. 一万元以上

14. 店内销售较好的产品主要属于（多选）：

A. 水草玛瑙系列产品　　　　B. 战国红系列产品

C. 马达加斯加玛瑙系列产品　　D. 巴西和乌拉圭玛瑙产品

E. 南红玛瑙　　　F. 内蒙古玛瑙　　　G. 其他

15. 近 5 年来，玛瑙产品销售价格总体变化趋势为：

A. 上升幅度 50% 以内　　　B. 上升幅度 50%—100%

C. 上升幅度 100% 以上

D. 累计降 50% 以内　　　　E. 累计降 50%—100%

F. 累计降 100% 以上　　　　G. 稳定

16. 近 5 年来，马达加斯加玛瑙（马料）产品销售价格总体变化趋势为：

A. 上升幅度 50% 以内　　　　B. 上升幅度 50%—100%

C. 上升幅度 100% 以上　　　　D. 累计降 50% 以内

E. 累计降 50%—100%　　　F. 累计降 100% 以上　　G. 稳定

17. 近 5 年来，北票战国红产品销售价格总体变化趋势为：

A. 上升幅度 50% 以内   B. 上升幅度 50%—100%

C. 上升幅度 100% 以上   D. 累计降 50% 以内

E. 累计降 50%—100%   F. 累计降 100% 以上   G. 稳定

18. 从玛瑙的价位来看，与其他玉石类相比是偏低还是偏高：

A. 偏低   B. 偏高   C. 持平

19. 从阜新玛瑙的价位来看，与其他地区相比是偏低还是偏高：

A. 偏低   B. 偏高   C. 持平

20. 阜新本地玛瑙雕刻加工水平如何：

A. 国内领先   B. 与南方省份差不多

C. 比南方省份差一些   D. 比南方省份差很多

21. 您觉得阜新玛瑙在全国的知名度如何：

A. 非常高   B. 比较高   C. 一般

D. 比较低   E. 非常低

22. 您觉得阜新玛瑙在全国的美誉度如何：

A. 非常高   B. 比较高   C. 一般

D. 比较低   E. 非常低

23. 近 5 年来，玛瑙原石价格的变化趋势为：

A. 上升幅度 50% 以内   B. 上升幅度 50%—100%

C. 上升幅度 100% 以上   D. 累计降 50% 以内

E. 累计降 50%—100%   F. 累计降 100% 以上   G. 稳定

24. 近 5 年来，马达加斯加玛瑙（马料）原石价格变化趋势为：

A. 上升幅度 50% 以内   B. 上升幅度 50%—100%

C. 上升幅度 100% 以上   D. 累计降 50% 以内

E. 累计降 50%—100%   F. 累计降 100% 以上   G. 稳定

25. 近 5 年来，北票战国红产品原石价格变化趋势为：

A. 上升幅度 50% 以内   B. 上升幅度 50%—100%

C. 上升幅度 100% 以上   D. 累计降 50% 以内

E. 累计降 50%—100%   F. 累计降 100% 以上   G. 稳定

26. 店铺消费群体主要是：

A. 阜新本地人   B. 辽宁省内人   C. 省外游客

27. 主要消费群体的文化程度：

A. 初中及以下　　　　B. 高中　　　　　　　C. 专科

D. 本科　　　　　　　E. 研究生及以上学历　F. 不太清楚

28. 目前，采用的主要销售途径有（多选）：

A. 实体店直销　　　　B. 网店销售　　　　　C. 微商方式

D. 招收代理销售　　　E. 其他销售方式

29. 您家借助网络途径（主要指网店和微商）销售的玛瑙产品利润值占总体利润值的比重为：

A. 不足 10%　　　　　B. 10%—30%　　　　　C. 30%—50%

D. 50%—70%　　　　　E. 70%—90%　　　　　F. 90% 以上

30. 近 5 年来，玛瑙产品加工成本（人工成本）的变化趋势为：

A. 上升幅度 50% 以内　　　　　B. 上升幅度 50%—100%

C. 上升幅度 100% 以上　　　　　D. 累计降 50% 以内

E. 累计降 50%—100%　　F. 累计降 100% 以上　　G. 稳定

31. 近 5 年来，玛瑙产品总体销售量的变化趋势为：

A. 上升幅度 50% 以内　　　　　B. 上升幅度 50%—100%

C. 上升幅度 100% 以上　　　　　D. 累计降 50% 以内

E. 累计降 50%—100%　　F. 累计降 100% 以上　　G. 稳定

32. 您进行玛瑙产品加工设计时考虑的关键因素是（可多选）：

A. 价格　　　　　　　B. 雕刻工艺　　　　　C. 原料质地

D. 题材设计　　　　　E. 文化品位

33. 您认为消费者选购玛瑙考虑的关键因素是（可多选）：

A. 价格　　　　　　　B. 雕刻工艺　　　　　C. 原料质地

D. 题材设计　　　　　E. 文化品位

34. 您觉得阜新玛瑙产品的文化品位如何：

A. 非常高　　　　　　B. 比较高　　　　　　C. 一般

D. 比较低　　　　　　E. 非常低

35. 您家店铺在产品创意方面的注重程度：

A. 非常重视　　　　　B. 比较重视　　　　　C. 一般

D. 不太重视　　　　　E. 非常不重视

36. 玛瑙是否为佛家七宝之一:

A. 是　　　　　　　B. 否　　　　　　　C. 不清楚

37. 玛瑙是否具有养生功能:

A. 是　　　　　　　B. 否　　　　　　　C. 不清楚

38. 阜新玛瑙雕是否被列入国家级非物质文化遗产名录:

A. 是　　　　　　　B. 否　　　　　　　C. 不清楚

39. 阜新市有多少国家级玉雕大师或国家级工艺美术大师:

A. 1 人　　　　　B. 2 人　　　　　C. 3 人　　　　　D. 4 人

E. 5 人　　　　　F. 6 人　　　　　G. 7 人　　　　　H. 8 人

40. 您对阜新获评"世界玛瑙之都"有何评价:

A. 实至名归　　　　B. 名不副实　　　　C. 瞎忽悠

41. 您是否为阜新市玛瑙协会的会员:

A. 是　　　　　　　B. 否

第三部分　发展预期估计

42. 您认为对阜新玛瑙价格影响最大的因素是:

A. 产品数量　　　　B. 消费者的需求　　　C. 自身工艺

D. 阜新市整体经济水平　　　　　E. 其他

43. 明年您的经营计划:

A. 扩张　　　　　B. 不变　　　　　C. 收缩　　　　　D. 关门停业

44. 未来两到五年您的经营计划:

A. 扩张　　　　　B. 不变　　　　　C. 收缩　　　　　D. 关门停业

45. 您是否打算向外地拓展玛瑙经营规模:

A. 是　　　　　　　B. 否

46. 阜新市玛瑙产业的发展前景:

A. 快速发展　　　　B. 缓慢发展　　　　C. 维持现状

D. 逐渐衰弱　　　　E. 迅速萎缩

47. 阜新市政府对玛瑙产业的发展重视程度:

A. 非常重视　　　　B. 比较重视　　　　C. 一般

D. 不太重视　　　　E. 非常不重视

48. 阜新市政府对玛瑙产业的优惠政策实施程度:

A. 非常好   B. 好   C. 一般

D. 差   E. 非常差

49. 阜新市政府对玛瑙产业的资金投入力度：

A. 非常强   B. 强   C. 一般

D. 弱   E. 非常弱

50. 阜新市政府对玛瑙产业品牌宣传建设力度：

A. 非常强   B. 强   C. 一般

D. 弱   E. 非常弱

51. 阜新市玛瑙产业的竞争优势有（多选）：

A. 规模优势   B. 名气优势

C. 客户优势   D. 生产经营人才优势

E. 生产经营技术优势   F. 政策优势

G. 配套服务优势   H. 质量优势

I. 产品品种优势   J. 原材料优势   K. 其他（请说明）

52. 目前，阜新市玛瑙产业存在的主要问题（多选）：

A. 需求不旺   B. 名气不大

C. 产品缺少文化品位   D. 产品缺少新意

E. 商家恶性竞争压价   F. 雕刻技术粗糙

G. 营销手段落后   H. 产品太多

I. 从业人员素质不高   J. 其他（请说明）

53. 阜新玛瑙未来的发展需要在哪些方面提升（多选）：

A. 政府支持力度   B. 从业人才素质   C. 产品质量

D. 宣传力度   E. 其他

附录 2：玛瑙欣赏

鱼戏莲叶间
——汉乐府《江南》

仿佛若有光
——陶渊明《桃花源记》

树树皆秋色，山山唯落晖
——王绩《野望》

篔斋卧听萧萧竹
——郑燮《题墨竹图题诗》

诗词意境（一）

念天地悠悠
——陈子昂《登幽州台歌》

一蓑烟雨任平生
——苏轼《定风波》

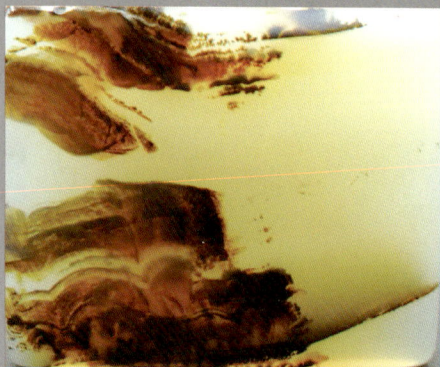
看万山红遍，层林尽染
——毛泽东《沁园春·长沙》

仰天长啸，壮怀激烈
——岳飞《满江红》

诗词意境（二）

沙暖睡鸳鸯
——杜甫《绝句二首》

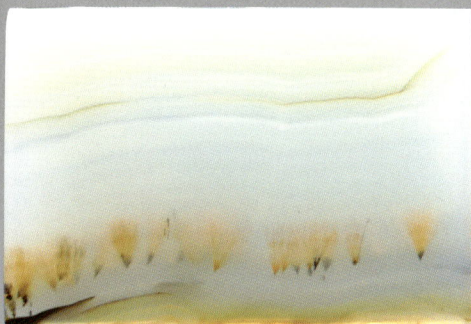

桃李无言下自成蹊
——司马迁《史记·李将军列传》

相看两不厌只有敬亭山
——李白《独坐敬亭山》

远上寒山石径斜
——杜牧《山行》

诗词意境（三）

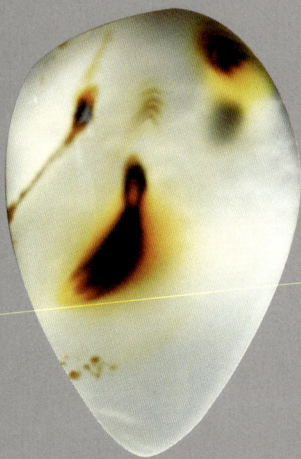

竹外桃花三两枝
春江水暖鸭先知
——苏轼《惠崇春江晓景二首》

枕上片时春梦中，
行尽江南数千里。
——岑参《春梦》

风雪夜归人
——刘长卿《逢雪宿芙蓉山主人》

多少楼台烟雨中
——杜牧《江南春》

诗词意境（四）

前村深雪里，昨夜一枝开。
　　——齐己《早梅》

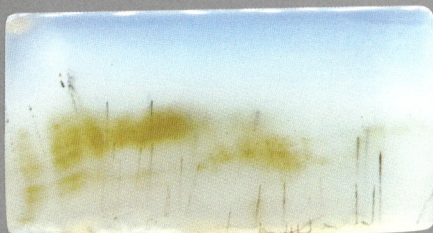

蒹葭苍苍，白露为霜
　　——无名氏《蒹葭》

金河秋半虏弦开
　　——杜牧《早雁》

乱飞春得意
　　——李山甫《燕》

诗词意境（五）

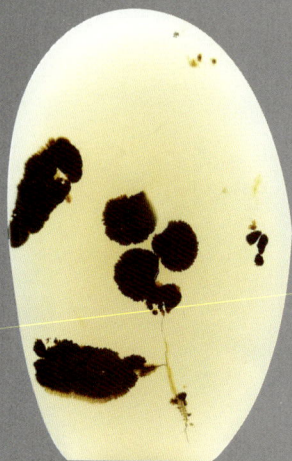

八大山人：鸟

齐白石：虾

李苦禅：鹰

朱耷遗墨

兴安秋色

枯藤老树

国画意境（一）

一剪梅

杏花春雨

梦中山水

荷塘月色

国画意境（二）

山

秋日残荷

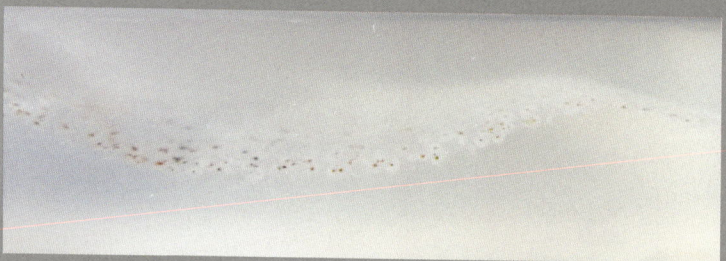

沙如雪

山花烂漫

国画意境（三）

晚秋金荷

峰峦叠嶂

大漠古城

红旗渠

月牙泉

国画意境（四）

秋草黄

红梅赞

傲雪红梅

国画意境（五）

石花恋

林海雪原

富贵牡丹

春燕啄春泥

山色有无中

国画意境（六）

春

秋

夏

冬

国画意境（七）

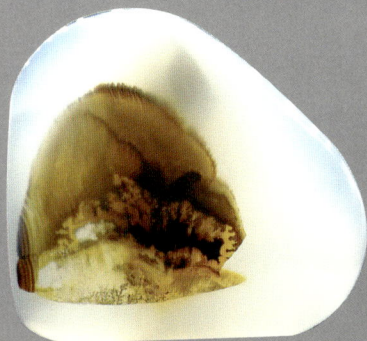
归园田居

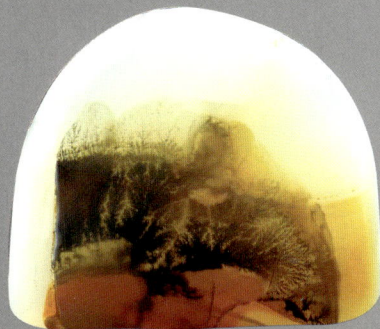
高粱红了

芳草碧连天

万径人踪灭

燕草如碧丝

国画意境（八）

芦苇萧萧吹晚风

石门流水遍桃花

海中仙山

水墨意境

国画意境（九）

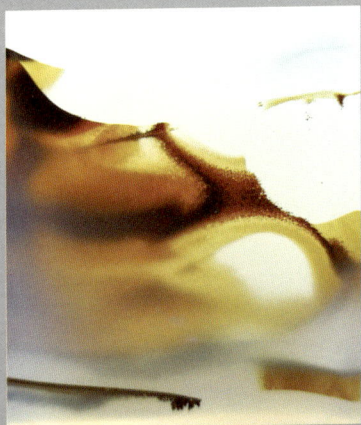

沙山月泉

落花流水

夕阳芳草连天远

壁立千仞无欲则刚

国画意境（十）

莫负东篱菊蕊黄

烟淡芦苇痕

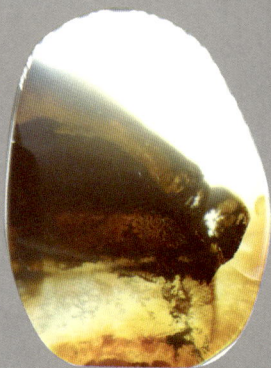

深山秋草

孤芳自赏

独有花上提葫芦

黄花满地

国画意境（十一）

风吹草低见牛羊

草色遥看近却无

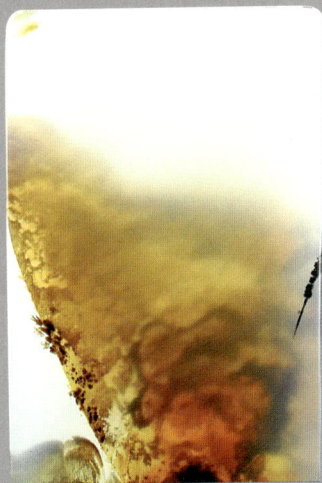
独怜幽草涧边生

黄昏饮马傍交河

国画意境（十二）

引颈问天歌

依依墟里烟

千山鸟飞绝

困日轻黄小小花

一枝藤上挂葫芦

留连戏蝶时时舞

国画意境（十三）

叹息孤鸾鸟

卧鸣敖包待月明

孤云独去闲

秋水飞蝶

国画意境（十四）

埋头苦干

汉字舞蹈

三十六计

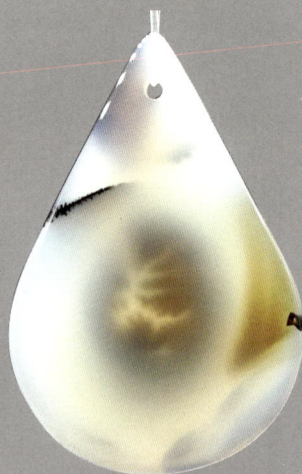

关

文字符号（一）

丰

业

仁

水墨与宣纸的邂逅

龙纹

文字符号（二）

王

八卦

5

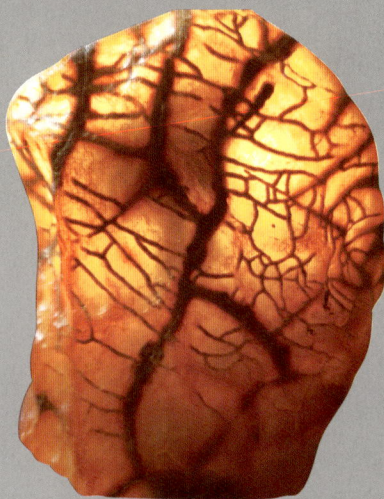

甲骨文

文字符号（三）

秋瑾

孔乙己

屈原

金猴奋起千钧棒

人物（一）

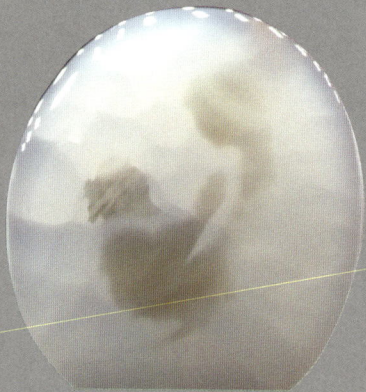
巴黎圣母院

母亲的背影

苏三起解

郑和观海

人物（二）

少年天子

努尔哈赤上京朝拜

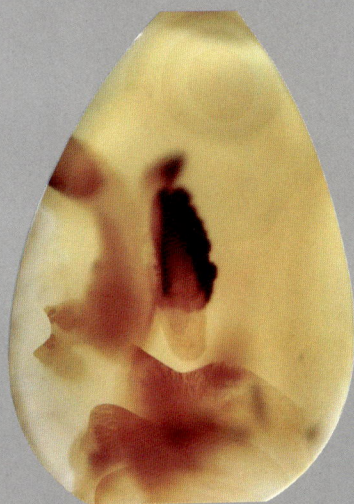
光绪

人物（三）

美猴王

佛光

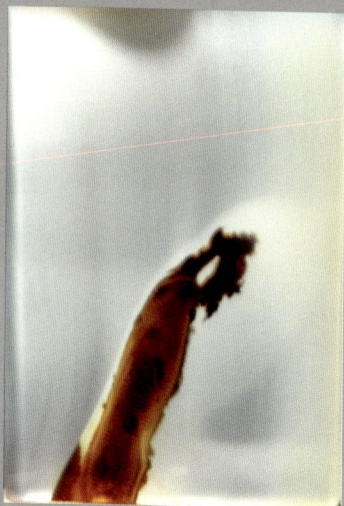
刘罗锅

阿信

人物（四）

牛顿

青年毛泽东

沉默者

嬉皮士

人物（五）

母女

小姐妹

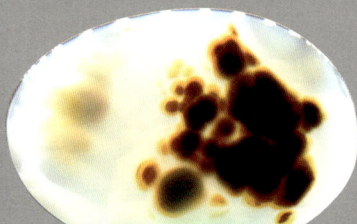

邯郸学步

爷孙冬趣

闺密

父爱

人物（六）

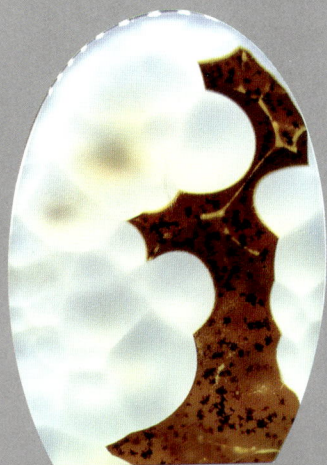

东方神鹿

飞龙在天

熊

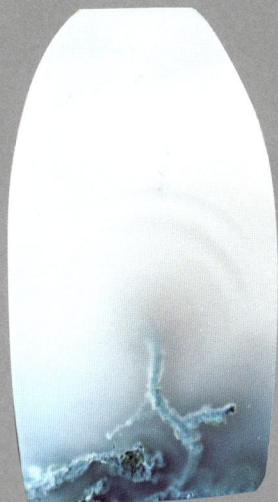

神龙入水

动物象形（一）

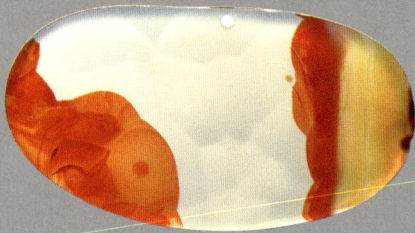

锦鲤

仙猴拜寿

蜂鸟

五花马

鱼跃龙门

动物象形（二）

神兽

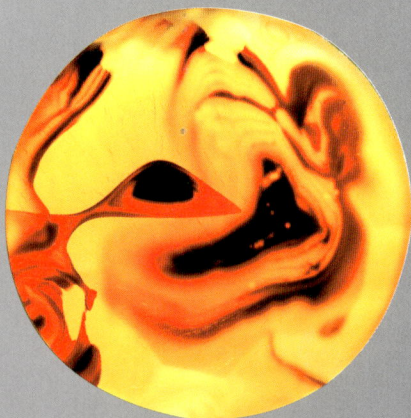

恐龙

小老虎

龙

动物象形（三）

长颈鹿

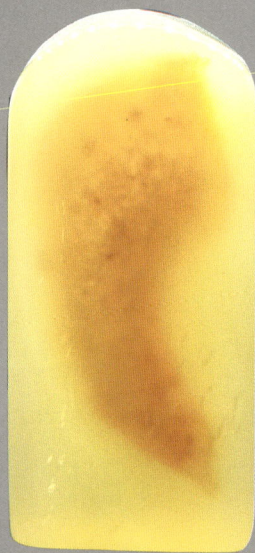

鸭嘴兽

鸟巢

猫头鹰

动物象形（四）

九寨沟

三峡夕照

长江三峡

张家界

风景名胜（一）

深山教堂

飞碟降落红海滩

红海滩

黄山秋色

风景名胜（二）

黄土高原

假山

海底世界

黄土高原

风景名胜（三）

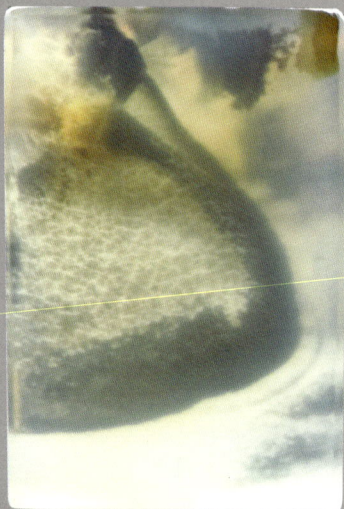

山不转水转

西湖苏堤

钱塘潮

桃花源

风景名胜（四）

古城夕照

大兴安岭

胡杨林

江南水乡

风景名胜（五）

泰山日出

大漠孤烟

西藏佛塔

圣地延安

白杨礼赞

敦煌驼队

风景名胜（六）

梅妻鹤子

达摩一苇渡江

金塔

如来之手

事件故事（一）

快乐仙翁

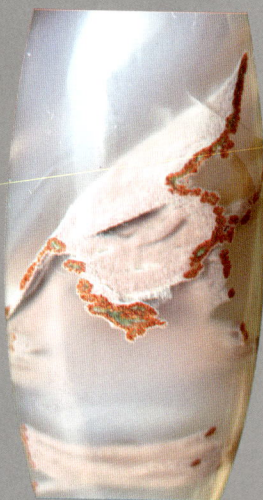
凤凰

凤凰涅槃

神龙吸水

事件故事（二）

北方村庄春节印象

改革大潮

祖孙俩

流浪地球

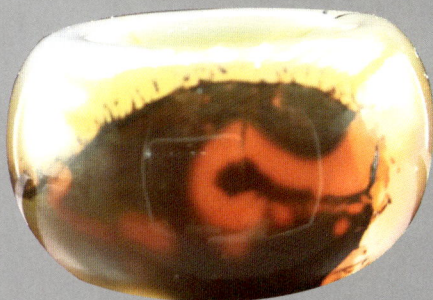
红军长征

事件故事（三）

青蛙王子

富贵喜庆

金秋

姹紫嫣红

吉祥寓意（一）

菠萝

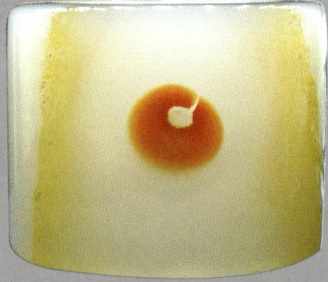

万事如意

灵芝仙草

人参

吉祥寓意（二）

英明神武

青山绿水就是金山银山

仙人掌

竹

吉祥寓意（三）

牛气冲天

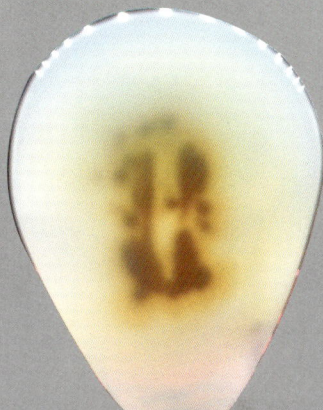

小伙伴

青花瓷

润

吉祥寓意（四）

连年有余

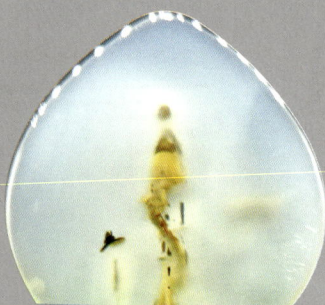
飞黄腾达

出头之日

胜利降临

五谷丰登

吉祥如意

吉祥寓意（五）

平平安安

一帆风顺

乘风破浪

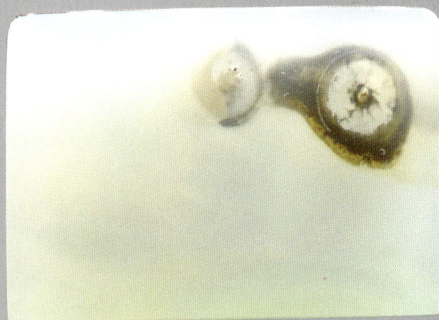

与时俱进

吉祥寓意（六）

秋思

牵挂

放飞

阳光灿烂的日子

兴旺

心理意向（一）

乐

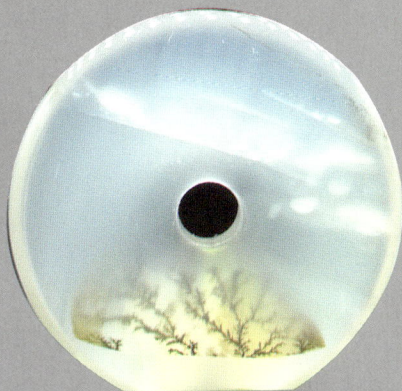

逸

怒海狂潮

呐喊

心理意向（二）

草花

发丝

小狗

树林

马料印章（一）

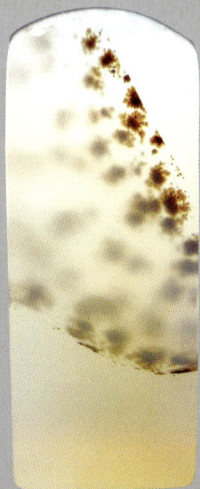

花海

随形

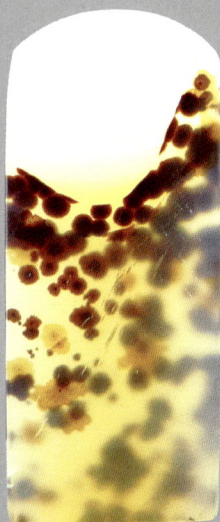

花海

野花

马料印章（二）

树

梨

石

羽

马料印章（三）

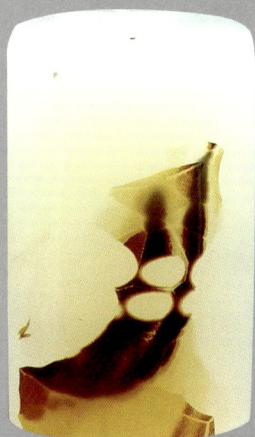

8

沙湖

沙漏

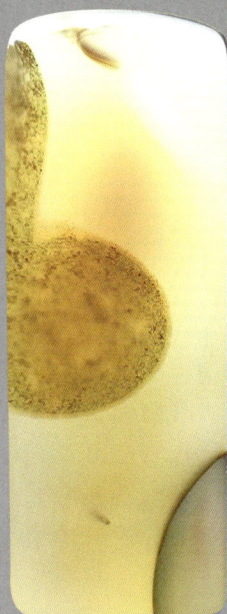

6

马料印章（四）

绿涛

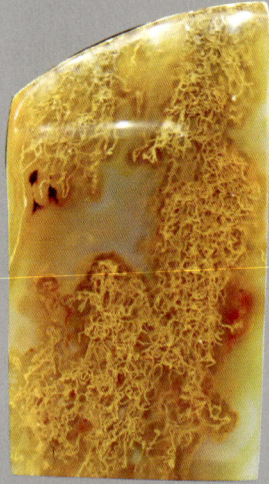

金丝

春潮

梨花

水草玛瑙印章（一）

红油草

五彩水草

黄油草

白龙吐金珠

水草玛瑙印章（二）

透明之花

老枝新花

婀娜水草

水底世界

水草玛瑙印章（三）

藤蔓

孔雀

珊瑚

水草玛瑙印章（四）

藤

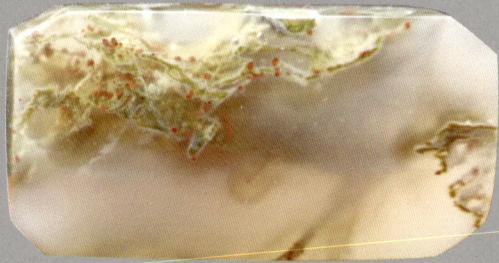

花

苔藓

石

水草玛瑙印章（五）

白色恐怖

文字舞蹈

火树银花

金色水草

水草玛瑙印章（六）

春

夏

秋

冬

水草玛瑙印章（七）

富贵热烈

喜庆吉祥

黄金书页

战国红玛瑙印章（一）

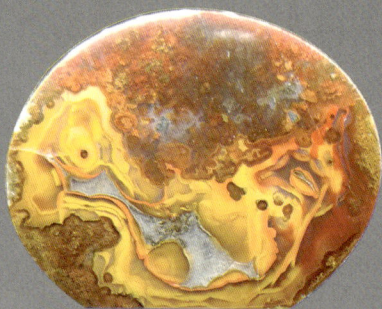
金鸡下蛋

恐龙进食

龙江秋色

黑瞎子岛

战国红玛瑙切片（二）

立冬

夏至

清明

秋分

水草玛瑙手串

五彩茶碗

紫气东来

冰心玉壶

暗香浮动

玛瑙壶碗

参考文献

［1］阜新大力发展玛瑙产业顺利完成经济转型工作，2006年07月24日，来源：新华社中央政府门户网站 www.gov.cn.

［2］周志强，于海军，张士学，蒋克.加快阜新玛瑙创意产业发展的建议报告——基于江苏省东海县水晶产业发展的研究比较.

［3］辽宁省地方标准《玛瑙饰品分级》，http://www.fxwhcy.com/index.php?c=article&id=456.

［4］陶明，徐海军.玛瑙的结构、水含量和成因机制［J］.岩石矿物学杂志，2016，35（2）.

［5］百度百科，https://baike.so.com/doc/122161-129003.html.

［6］才文博，田军.玛瑙的分类［J］.中国非金属矿工业导刊，2000（4）.

［7］毛立音.玛瑙颜色和纹环带形成的机理［J］.资源环境与工程，2006，20（2）.

［8］徐仲伟，周兴茂，谈娅.关于文化创意产业的几个基本理论问题［J］.重庆邮电大学学报（社会科学版），2007（06）.

［9］苏东水.产业经济学［M］.北京：高等教育出版社，2010.

［10］张岱年，程宜山.中国文化与文化论争［M］.北京：中国人民大学出版社，1997.

［11］Tyler. The Origins of Culture［M］. New York: P.L, Harper and Brothers Publishers, 1958.

［12］郭辉勤.创意经济学［M］.重庆：重庆出版集团重庆出版社，2007.

［13］Caves R E. Creative industries: contacts between arts and commence［M］. Cambridge: Harvard University Press, 2000.

［14］Jason Potts, Stuart Cunningham, John Hartly, Paul Ormerod. Social network markets: A new definition of the creative industries［J］. Journal of Cultural Economics, 2008（32）.

［15］张斌. 欧美创意产业研究及启示［J］. 学术界, 2011（12）.

［16］花建. 文化创意产业与相关产业融合发展的四大路径［J］. 上海财经大学学报, 2014, 16（04）.

［17］黄信瑜, 李寅瑞. 文化创意产业演化升级的政策范式: 台湾地区的经验及其启示［J］. 江海学刊, 2017（04）.

［18］周蜀秦, 李程骅. 文化创意产业驱动城市转型的作用机制［J］. 社会科学, 2014（02）.

［19］［日］柳宗悦. 工艺文化［M］. 南宁: 广西师范大学出版社, 2006年.

［20］科普: 艺术品和文化艺术品的区别 2017-09-07 16：53, https：// www.sohu.com/a/190442820_728136.

［21］徐曼. 4P理论在当代陶瓷工艺品品牌营销策略中的应用［J］. 陶瓷研究, 2012, 27（03）.

［22］罗铭, 姬冰璇. 电商时代安徽民间工艺品的营销方式［J］. 湖北科技学院学报, 2015, 35（11）.

［23］马玥, 王晶, 施雨嫣. 对传统手工艺品的全新营销手段的探索和实践——以大兴安岭林区特色木制工艺品为例［J］. 中国市场, 2013（29）.

［24］袁静. 浅谈传统工艺品可持续发展的创新服务模式——以品润高端工艺品5A级"一站式"服务营销体系为例［J］. 家具, 2017, 38（01）.

［25］李康化, 张奕民. 传统民间工艺品市场营销策略分析——基于供给侧和需求侧双驱动视角［J］. 中国文化产业评论, 2016, 23（01）.

［26］韦程. 自主奢侈品牌文化定位与奢侈品设计分析［D］. 湖北工业大学, 2012.

［27］［法］米歇尔·舍瓦利耶, ［法］热拉尔德·马扎罗夫. 奢侈品品牌管理［M］. 卢晓译. 上海: 格致出版社, 上海人民出版社, 2008.

［28］刘晓刚, 朱泽慧, 刘维佳. 奢侈品学［M］. 上海: 东华大学出版社, 2009.

［29］苏盼. 永恒的奢侈. 不朽的时尚［D］. 武汉大学, 2013.

［30］杨清山.中国奢侈品本土战略［M］.北京：对外经济贸易大学出版社，2009.

［31］梅瑜.中国奢侈品市场的文化营销特点研究［D］.首都经济贸易大学，2013.

［32］阜新市政府门户网站 http：//www.fuxin.gov.cn/fx/zjfx/fxgl/list.html.

［33］王金瑛.关于阜新文化产业战略定位的思考，http：//blog.sina.com.cn/s/blog_14c9d4f2c0102xhuk.html.

［34］张雪梅.辽宁阜新水草玛瑙的宝石矿物学特征及成因初探［D］.中国地质大学，2015.

［35］辽宁阜新："不上色"的美丽产业.http：//www.xinhuanet.com/politics/2016-05/08/c_128966717.htm.

［36］全国网媒辽宁行走进"中国玛瑙之都"阜新市，www.nen.com.cn，2014-09-26，东北新闻网。

［37］玉龙故乡——阜新荣获"世界玛瑙之都"称号，http：//ln.ifeng.com/a/20161023/5080595_0.shtml.2016 年 10 月 23 日，凤凰辽宁.

［38］侯悦林.联合国教科文组织 A 级权威组织终评确定阜新荣获"世界玛瑙之都"称号［N］.辽宁日报，2016-10-27.

［39］马奈译，三浦展著.第 4 消费时代，东方出版社、人们东方出版传媒，2014.11.

［40］2018 中国市场报告：新消费革命已启幕（上）.中国黄金网，2018-03-20，吕磊、任心悦、李蔓、马佳、张圆，http：//www.gold.org.cn/hjbindex/tjlm/syds/201803/t20180320_177875.html.

［41］千讯（北京）信息咨询有限公司 WEB：《中国玛瑙市场前景调查分析报告》2018 资深版，www.qx365.com / www.qianinfo.com.

［42］沈申.人民网评：展形象，讲好中国故事，提升中华文化影响力，2018 年 08 月 28 日，人民网-观点频道，http：//opinion.people.com.cn/n1/2018/0828/c1003-30254805.html.

［43］占超群.中国传统工艺品海外营销策略研究［J］.中国市场，2009（44）.

［44］布雷肯·布兰斯特拉托尔，蒋子清译．高品质玛瑙价格将继续上涨［N］，中国黄金报，2015-11-6.

［45］林颖．西方文化创意产业研究前沿述评［J］．福建师范大学学报（哲学社会科学版），2014（04）.

［46］Andersen L（2010）Magic Light, Silver City: the business of culture in Broken Hill. Australian Geographer 41.

［47］［德］沃夫冈·拉茨勒．奢侈品带来富足［M］.刘风译.北京：中信出版社，2003.

［48］丁宁.汉至宋代玛瑙制品研究［D］.陕西师范大学，2016.

［49］梅洛·庞蒂．知觉现象学［M］.姜志辉译.北京：商务印书馆，2001.

［50］2018年中国个人奢侈品行业发展现状及发展趋势分析，2018年05月07日，http：//www.chyxx.com/industry/201805/637919.html.

［51］［美］里斯，［美］特劳特．定位［M］.谢伟山、苑爱冬译.北京：机械工业出版社，2011.

［52］侯惠夫.重新认知定位［M］.北京：中国人民大学出版社，2007.

［53］邓德隆．2小时品牌素养［M］.北京：机械工业出版社，2011.

［54］屡爆天价的海洋玉髓，究竟怎么回事？http：//dy.163.com/v2/article/detail/C97ISSPL0514AP10.html.

［55］海洋玉髓单颗靠什么能卖到350万？http：//www.sohu.com/a/216731431_182897.

［56］苏朝晖.客户关系管理（第二版）［M］.北京：高等教育出版社，2016.

［57］澄怀格物手工之旅历时一年多共寻访57个手工艺，来源：江南时报，2015年01月27日 13：36，http：//js.ifeng.com/humanity/cul/detail_2015_01/27/3484651_0.shtml.

［58］蔡依璐.新奢侈品营销传播的时尚文化意蕴［D］.浙江大学，2007.

［59］沈喆.消费者奢侈品感知价值与品牌态度跨文化比较研究［D］.华东理工大学，2012.

［60］《2016—2022年中国民间手工艺品市场运营态势及投资战略分析

报告摘要》，http：/www.chyxx.com/research/201604/405050.html2016.4.13.

［61］中国新媒体现状、特点和未来，2018-01-28，媒体/视频/短视频，新闻战线.http://www.sohu.com/a/219377117_708049.

［62］王慧敏.文化创意产业集聚区发展的3.0理论模型与能级提升——以上海文化创意产业集聚区为例［J］.社会科学，2012（07）.

　　这本书终于要出版了，这是我这几年特别想写的一本书。因为这部书蕴含了我儿时的爱好和骨子里对中华优秀传统文化的迷恋，蕴含了我对一个长期工作生活过的城市的眷恋和业余时间从事玛瑙收藏的快乐，也蕴含了对培养我的大学及所从事的学术研究的责任。

　　我自幼喜欢书法和绘画，但由于家里条件不好，更由于考大学是跳出农村的捷径，一切为考大学服务，书法和绘画是没钱学，更是没有时间学的。然而，热爱书法和绘画的种子一直在心里默默萌发，从小学到中学，几乎所有的课本的空白页都是我画的人物，有《射雕英雄传》里的梅超风和西毒欧阳锋，也有革命伟人，还有山水树木。1990年的夏天，为了能够比较把握地考上国家重点大学，班主任作主给我报了阜新矿业学院，我因此和阜新这个上大学前没有听说过的城市和从没有见过的宝石——玛瑙结下了深厚的缘分。

　　读大学时一直忙着做学生干部，工作后一直忙着工作和做学位，几乎所有业余时间都被学习和工作占用，根本无暇顾及对书法和绘画的爱好，对阜新的特产玛瑙也很少关注，知之甚少。2013年，一个偶然的机会，领着一个外地朋友逛玛瑙城，看见一块玛瑙里面有山水画，这些出自大自然神奇之手的上亿年的"天画"一下子吸引了我，花了100元买了下来，没事就拿出来看一下。后来又碰到一块玛瑙，上面是一幅完整的山水画，不但有山有树，还有路，甚至还有落款，我毫不犹豫地花了200元收入囊中，每天在手里看。我发现，从不同的角度看，山水画的图案也会发生变化，而且玛瑙温润的手感，更令我爱不释手。2014年端午节，我闲着无事，到阜新玛瑙城闲逛，看到一块玛瑙，里面有一个人的图案，仔细一看，这不是屈原吗？有发髻，有胡子，仰头求索，简直和屈原一模一样！我毫不犹豫地花了110元买了下来。我从此认为，玛瑙和我有缘，于是开始真正关注甚至喜欢玛瑙。

随着对玛瑙的关注和对玛瑙了解的不断深入，我开始被玛瑙独特的文化魅力深深吸引。玛瑙与翡翠、和田玉等玉石的一个明显区别是玛瑙里面有众多的包裹体，这些包裹体由于大自然的鬼斧神工形成了一些色彩斑斓、形象生动、意境优美的图案，这些图案和中国文化是那么的心有灵犀！是那么的契合，是那么令我惊叹不已，让我感慨中国文化与大自然的心心相印，和谐共生！例如，阜新出产的水草玛瑙，有的像迎风傲雪的梅花，有的像晚秋静立的残荷，有的像参差婀娜的水草……蕴含着绿色生态环保的意向；朝阳北票出产的战国红玛瑙，其艳丽的红色和黄色，还有变化万千的图案，完美诠释了中国文化中尊贵喜悦的氛围；而漂洋过海来自非洲岛屿马达加斯加的海洋玉髓玛瑙更是神奇，其中的一些冰料，在温润透明的玉髓中蕴藏着一些立体的极富中国文人画水墨意境的山水画甚至中国文字，这些山水画意境优美，立体丰富，能找到八大山人的孤傲清冷、郑板桥的枝叶关情、张大千的豪放写意、齐白石的鲜活童趣，也似乎能够隐约看到象形文字在舞蹈，看到汉字书法的灵动鲜活，有的还能让人感受到唐诗宋词的绝妙境界，仿佛把中国的水墨神韵和诗词意境封藏在这亿万年形成的玉石中，冥冥中体现出中国文化与大自然的天人合一；产自南美神秘国度巴西的象形玛瑙，里面或有夕阳中静静矗立的佛教金坛，或有层层叠叠的沙漠古城，或有风姿绰约的人物……体现了神秘的宗教文化、大漠风光和世间百态。

玛瑙的产量比较大，属于中低档次的玉石，但是，经过切割处理后，质地纯净，有着完整图案的并不多，而这些图案在构图、意境等方面和人类已有文化意象产生联系的则是凤毛麟角，且这样的的精品玛瑙一定是独一无二的。所以，这样的高品质玛瑙艺术品是极度稀缺的，是比任何高端奢侈品都稀缺的珍品，是阜新的宝藏，是中国的宝藏，是承载和传播中华文化的宝藏。

大约从 2013 年开始，阜新玛瑙制品的价格开始下降，阜新市鑫维玛瑙城、阜新市玛瑙城和十家子玛瑙大集的人似乎也不如以前多了。这似乎对我这个玛瑙收藏爱好者来说是好事，因为我喜爱的玛瑙价格越来越便宜，我一个穷老师可以收集到更多我喜欢的玛瑙艺术品了。但我也开始担心这个产业的发展前景，尤其是最近两年，玛瑙业主的信心受到了打击，不少玛瑙业主不再生产新货，有些摊主不再摆摊了，有些店铺关门歇业。作为一个玛瑙收藏爱好者，作为一个在阜新生活了 20 多年的阜新人，作为一个长期跟踪研究阜新转型的学者，我觉得自己应该尽一个学者的本分，深入研究阜新玛瑙产业的发展状况和存在问题，积极为阜新玛瑙产业发展献计献策，贡献自己的绵薄之力。于是，我从 2016 年开始有意识地关注阜新玛瑙产业的发展，开始收集资料，按照系列收集购买玛瑙，几乎每周都要去一次玛瑙城，每次去都有意识地与玛瑙店铺的老板了解有关情况，并开始撰写书稿，陆陆续续写了近 10 万字，但觉得缺少一些定量数据的支持。于是，2018 年 6 月开始，我组织我团队的青年教师和研究生、本科生开展系统的玛瑙产业调查，先后对 600 多户玛瑙店铺的业主进行了问卷调查，访谈了一些阜新玛瑙界知名的雕刻大师、从业者和管理者。问卷调查覆盖阜新市区内鑫维玛瑙城、老玛瑙城和十家子镇战国红大市场和福光玛瑙城，总计获取 674 份有效问卷，其中市区 124 份、十家子 550 份。刘燕、程恋军、赵宏燕、王利军、张志杰、鲍卫敏、张飞、吴伟、吴秀琳等老师，葛瑞娟、孙浩、景慧玲、田亚茹、金珊、李影、刘畅、王子玉、郝昀昀、于懿杰等研究生和本科生参与了调研；岳立柱老师带领葛瑞娟、孙浩两名研究生和一些本科生对数据进行了处理和分析。对这些老师和学生的辛勤工作表示感谢！感谢张海鹰、张士学、刘建、马欣桐、赵景春等同志提供的大量资料和宝贵意见！本书各章尤其是第一章中参考和引用了相关研究者的大量研究成果，对这些研究者表示衷心的感谢！本书第二章的内容大量参考借鉴了张士学、刘德刚、蒋克、吕威、刘茵等同志整理的材料，对他们表示诚挚的感谢！感谢辽宁省社科院的姜晓秋院长，她关于文化创意产业的讲座给了我很大启发！感谢周志强、于海军等同志撰写的关于阜新玛瑙产业的调查报告！还要感谢田明让对本书提出的宝贵建议！

2018 年 7 月，我从辽宁工程技术大学调到辽宁省重要技术创新与研发基地建设工程中心（辽宁省产业技术研究院）工作，在是否坚持学术研究的迷茫和徘徊之际，中心的田主任对我继续坚持学术研究给予了极大的支持和鼓励，中心的另外两位副主任也给予了积极的鼓励，这也是本书得以出版的重要原因，对中心田主任和另外两位副主任表示诚挚的感谢！

收集资料、调研访谈和出版等工作需要大量的经费，本书的调研访谈和撰写出版获得了辽宁省特聘教授经费的资助和辽宁工程技术大学领军人才项目的支持，非常感谢辽宁省特聘教授资助项目和辽宁工程技术大学的资助！本书得到了阜新转型创新发展研究院领导、老师和学生们的大力支持，没有他们的支持，大量的调研访谈和数据处理工作是无法想象的，感谢阜新转型创新发展研究院的大力支持！感谢辽宁人民出版社对我的信任和支持，使这本著作能够顺利出版，尤其要感谢辽宁人民出版社的陈昊和编辑为本书所付出的辛勤劳动。

我的妻子刘畅是学艺术专业出身（服装设计），具有很好的美术功底和艺术鉴赏力，受我的影响和玛瑙的魅力所吸引，也逐渐喜欢玛瑙，从不同意我买玛瑙到支持购买玛瑙，从不愿意和我去阜新市玛瑙城到开车拉着我去十家子镇玛瑙大集，给了我很多支持，也是我选购玛瑙的司机、参谋、鉴赏师，最后为了这本书的出版，为我的玛瑙拍照，客串摄影师，从网上购买了摄影设备，为了拍好一张照片变换几十次姿势和角度，为不同的玛瑙选配合适的诗词和主题，并承担了大量的文稿校对工作。我的女儿是一个非常爱学习的孩子，开始不了解也不喜欢玛瑙，可在潜移默化中，逐渐开始关注和喜欢玛瑙，还经常发挥文科生的特长为我的玛瑙配诗。有一次，我买了一块红色水草的印章，上面还有一些白点，她看了一眼，脱口而出"墙角数枝梅，凌寒独自开，遥知不是雪，为有暗香来"。而且，在2018年暑假，她利用一天的时间独自完成了十家子玛瑙大集的调研，还写出了调研分析报告。

学术研究、书稿撰写、出版著作等需要大量时间和精力的投入，由于工作日白天需要做大量的行政工作，所以，社会调查、访谈和写作基本都需要在寒暑假、周末及晚上进行，感谢我的妻子和女儿对我的理解和大力支持！我和我爱人的父母和其他家人多年来一直对我的学术研究非常支持，非常遗憾的是，2016年母亲病重前，我给母亲买了一个玛瑙水草手镯，母亲很喜欢，只可惜只戴了几个月母亲就不幸离世，真是后悔为什么没有早点给母亲买个特别好的玛瑙手镯，这本书就作为送给母亲的礼物吧！

王国辉

2019年2月